Os Fantasmas e suas Aparições

Alfred R. Wallace

Alfred Russel Wallace

Os Fantasmas e suas Aparições

Tradução e notas

Jáder dos Reis Sampaio

BIBLIOTECA DE CIÊNCIA E ESPIRITISMO

LACHÂTRE

Títulos originais: "*Are there objective apparitions?*" e "*What are phantasms and why do they appear?*"

Direitos de publicação cedidos ao
Instituto Lachâtre
Caixa postal: 164, Cep.: 12914-970, Bragança Paulista, SP.
Fone/Fax: (11) 4063-5354

Capa
Fernando Campos

Revisão
Alexandre Caroli Rocha

1ª edição – Junho de 2016

Impresso no Brasil
Presita en Brazilo

CIP-Brasil. Catalogação na fonte

Wallace, Alfred Russell, 1823-1913.
Fantasmas e aparições / Alfred Russel Wallace; tradução de Jáder dos Reis Sampaio – Bragança Paulista, SP : Lachâtre, 2016, 1ª Edição.
128 p. Biblioteca de Ciência e Espiritismo
1. Espiritismo. I. Sampaio, Jáder dos Reis. II. Bibliografia. III.Título.

CDD 133.9 CDU 133.7

Sumário

Qual a importância atual destes artigos de Alfred Russel Wallace?

Jáder Sampaio

No movimento espírita de nossa época, a palavra 'fantasma', que praticamente não é usada, geralmente designa uma materialização de espírito desencarnado. A visão de um espírito desencarnado por um médium vidente, por exemplo, é chamada geralmente de 'visão' ou 'aparição'.

Allan Kardec, em seu livro *Definições espíritas*, emprega a palavra 'fantasma' como sinônima de 'assombração', que se refere "aos Espíritos que se supõe voltarem do outro mundo". Ele afirma que esta palavra de significado "quase sepulcral" fica reservada aos espíritos que são vistos (e não aos que se manifestam pela psicografia, por exemplo) e que se supõe "voltarem em circunstâncias mais dramáticas". Ele diferencia fantasma ou assombração de aparições. As aparições são, de forma geral, uma manifestação visual dos espíritos, que pode ser intangível ou palpável. Kardec entende que a aparição é percebida pelos órgãos dos sentidos, com o perceptor consciente. Ele diferencia aparição de visão, que ocorre em estado de emancipação da alma, ou seja, não é percebida pelos olhos do corpo, e pode dar-se também durante o sono ou em estado de êxtase. A visão pode ter por objetos coisas distantes ou ausentes do ambiente onde o médium se encontra.

Wallace, contudo, participava da Society for Psychical Research (SPR) quando escreveu este trabalho e desejava ampliar os resultados de um livro que se tornou clássico, intitulado *Phantasms of the living* (*Fantasmas dos vivos*), escrito por Myers, Podmore e Gurney. Neste livro, os autores não consideram a existência da mediunidade como ponto pacífico, então, decidiram descrever os fenômenos que ficariam conhecidos como telepáticos, sem menção à sua produção por espíritos dos mortos. Eles definem "fantasmas dos vivos" (supondo, portanto, que poderia haver "fantasmas dos mortos") como um objeto de percepção das pessoas sem o uso dos cinco sentidos. Os membros da SPR usaram uma variação da palavra *alucinação* para descrever fenômenos de telepatia, e seu trabalho foi considerado comprobatório naquela época.

O livro da SPR, conhecido hoje quase apenas por especialistas (embora Alan Gauld[1] o considere "ainda citado"), parece ter sido banido para o limbo das pesquisas sob o argumento de ser anedótico. Por anedota, em parapsicologia, entende-

[1] No seu livro *Mediunidade e sobrevivência: um século de investigações*.

se que o estudo foi baseado em fatos descritos por terceiros, sem a observação direta do pesquisador, e com tratamento qualitativo. Quando se afirma que um estudo é anedótico, deseja-se criticá-lo do ponto de vista metodológico, diminuindo seu valor. Curiosamente, esse tipo de crítica não é empregado por outras áreas do conhecimento que trabalham com fontes orais, com estudos de caso e outros métodos qualitativos, sem demérito, a não ser, talvez, quando o autor deseja fazer uma generalização indevida.

A obra foi bastante divulgada nos meios espíritas e espiritualistas. Léon Denis fez citações dela em seus livros *No invisível* (pp. 146-7) e em *Depois da morte* (pp. 159-65). Gabriel Delanne transcreveu um dos casos em *O fenômeno espírita* (p. 118). O melhor texto, contudo, foi publicado por Delanne. Ele escreveu um livro enorme, de dois volumes, intitulado *As aparições materializadas dos vivos e dos mortos*, originalmente em 1909 e 1911. O primeiro volume é inteiramente dedicado aos resultados da pesquisa da SPR e de outros fenômenos estudados até então; no segundo volume, o autor defende, com base em fatos, a existência e a comunicabilidade da alma, ou seja, a tese espírita.

A Society for Psychical Research foi fundada em 1882, nove anos antes da primeira publicação dos dois artigos que compõem este livro. Um de seus principais fundadores foi William Barrett, que havia sido defendido por Wallace contra Carpenter na *British Society for Science Advance*, após apresentar um trabalho intitulado "Transferência de pensamentos no transe mesmérico". Seu objetivo na fundação era o estudo de "fenômenos mesméricos, psíquicos e espiritualistas" por meio de "pesquisas exatas e desapaixonadas, que permitiram à ciência resolver muitos problemas".

Essa sociedade conseguiu a adesão de muitos associados notáveis, como *sir* Oliver Lodge (físico), Frank Podmore (historiador), Henryn Sidgwick (filósofo), Eleanor Sidgwick (diretora do Newnham College), Myers (poeta), Tennyson (poeta), Ruskin (escritor), Lewis Carrol (escritor), A. J. Balfour (político que chegaria a primeiro-ministro), Lord Rayleigh (matemático e físico), Couch Adams (astrônomo), J. J. Thomson (físico), Sir William Crookes (químico), G. F. Watts (pintor) e o próprio Wallace, além de estrangeiros como William James (filósofo e psicólogo), Camille Flammarion (astrônomo),[2] Henri Bergson (filósofo), Hans Driesch (biólogo e filósofo), Charles Richet (biólogo, prêmio Nobel).

A obra *Fantasmas dos vivos* foi publicada em 1886, cinco anos antes dos dois artigos deste livro, que vieram à luz no periódico *The Arena*, em fevereiro de 1891.

---

[2] Informações obtidas no site da Society for Psychical Research (www.spr.ac.uk) e na introdução do livro *Mediunidade e sobrevivência*, de Alan Gauld.

Wallace estava convicto da existência da mediunidade, a faculdade que possibilita a comunicação com os mortos, e publicou esses trabalhos que analisam, entre outros fenômenos, aqueles relatados pelos autores de *Fantasmas dos vivos*.

No primeiro artigo, Wallace apresenta e analisa fenômenos agrupados em cinco categorias: alucinações coletivas, percepção de fantasmas por diferentes pessoas em lugares igualmente distintos, efeitos físicos atribuídos a fantasmas e fotografias de espíritos.[3] Ao escolher esses variados fenômenos, Wallace pretende destacar uma fenomenologia que não pode ser explicada pela teoria telepática de Podmore, sustentando que os membros da SPR estavam deixando de lado evidências que apoiam a existência objetiva dos fantasmas produzidos pelos espíritos dos mortos.

No segundo artigo, o autor se debruça sobre a teoria do segundo *self* ou ego inconsciente,[4] rela-

[3] Do inglês '*spirit photographs*'. Optamos por traduzir por fotografias de espíritos, em vez de fotografias espíritas, como já foi feito antes, porque o termo espírita, no Brasil, tem um significado que não equivale ao da língua inglesa nessa época. Conan Doyle, Wallace e Oliver Lodge eram adeptos do *modern spiritualism* e considerados espiritualistas modernos, ou simplesmente espiritualistas. Espírita ou espiritista é visto em nosso país como o adepto do espiritismo, doutrina fundada por Allan Kardec. Não podendo ser a fotografia adepta de nenhum culto, nem tendo sido feita por espíritas, optamos por traduzir o termo como fotografias de espíritos.

[4] Apenas dois anos depois, Freud publicaria seu livro *Estudos*

tando e discutindo uma fenomenologia que envolve sonhos, clarividência e dupla personalidade. Ele mostra que alguns desses fenômenos não podem ser explicados com a mencionada teoria e seriam mais bem entendidos com a hipótese espiritual, a qual, porém, não é aceita facilmente pelos homens de sua época por entenderem que a ciência não pode acatar uma teoria espiritualista em seu corpo teórico.

Empregando suas habilidades de naturalista, ele vai pouco a pouco descrevendo os fenômenos e os agrupando em categorias, até o ponto em que não é mais possível explicá-los satisfatoriamente sem a tese da imortalidade da alma e sem o auxílio da ação dos espíritos desencarnados.

Esses artigos de Wallace ficaram muito tempo conhecidos apenas em língua inglesa, mas o interesse do público brasileiro pelos seus trabalhos[5] nos incentivou a traduzi-los e publicá-los em português, lançando luzes sobre mais um período esquecido da história da pesquisa dos fenômenos espirituais.

---

sobre a histeria, no qual comunica o trabalho com suas primeiras pacientes histéricas: Anna O. e Elizabeth von R. (nomes fictícios).

[5] A Lachâtre já publicou os livros *O aspecto científico do sobrenatural* e *Diálogo com os céticos*, traduzidos por nós.

1ª Parte

Existem aparições objetivas?[6]

[6] Reimpresso de *The Arena*, janeiro de 1891.

Todos aqueles que sentem interesse em qualquer conhecimento relacionado com a natureza e o destino do homem – e qual pessoa inteligente não o sente? – devem ser profundamente gratos aos membros ativos da Society for Psychical Research na Inglaterra e nos Estados Unidos, que se devotaram por muitos anos à coleção de casos autênticos de vários tipos de aparições. Esses casos foram todos pessoalmente estudados da melhor forma possível; a evidência foi obtida, ou por testemunhas presentes, ou, quando isso não foi possível, por pessoas que receberam o testemunho pessoal delas; a evidência corroborativa, em registros contemporâneos de qualquer tipo, foi procurada, geralmente a um custo grande de tempo e trabalho; e, finalmente, o corpo completo de fatos então acumulados foi sistematicamente organizado, cuidadosamente discutido e publicado para a informação de todos os que possam estar interessados na pesquisa.[7] Adicio-

[7] Em *Phantasms of the living*, 2 vols., e nos *Proceedings of the Society for Psychical Research* de 1862 a 1890.

namos a essas a evidência colecionada e registrada com igual cuidado pelo falecido Robert Dale Owen, pelo dr. Eugene Cronwell e por muitos outros escritores, e nos encontramos pessoalmente de posse de um corpo de fatos que deve ser suficiente para nos possibilitar chegar a conclusões definitivas quanto à natureza, origem e propósito desses fenômenos enigmáticos usualmente conhecidos como fantasmas ou aparições, sendo estes termos mantidos com a inclusão de fenômenos auditivos e táteis, assim como de impressões visuais, sendo as aparições definidas como 'duplos' ou fantasmas dos vivos, tanto quanto os que têm o propósito de representar as emanações dos mortos.

Antes de prosseguir, desejo salientar nosso grande reconhecimento à Society for Psychical Research por ter apresentado as evidências de tal forma que os *fatos* a serem interpretados são ago-

Nota do tradutor: 'Evidência' ('*evidence*'), em inglês, é empregado por Wallace com o sentido de base ou "fundamento para a crença", "aquilo que tende a provar ou não alguma coisa" (traduzido do *Webster Encyvlopedic Unabridges Dicionary of the English Language*). Wallace, assim como os pesquisadores da SPR, valoriza o empirismo na construção dos conceitos científicos, por isso, apresenta, ao longo dos dois trabalhos, relatos de eventos que foram percebidos pelos órgãos dos sentidos das pessoas (fenômenos objetivos), se possível, mais de uma, e não por comunicações mediúnicas ou apenas subjetivamente. A palavra 'evidência' parece ser usada como sinônimo de prova pelo autor, que às vezes as emprega como sinônimas na mesma frase, para evitar repetição.

ra geralmente aceitos como fatos por todos aqueles que levantavam algum problema para pesquisar a variedade e o caráter dos testemunhos sobre eles – a opinião daqueles que não assumiram esse problema é completamente dispensável. Essa mudança na opinião do público instruído parece decorrer de uma combinação de causas. A pesquisa preliminar cuidadosa sobre os fenômenos de telepatia parece ter dado uma base científica para uma interpretação de muitos fantasmas, e foi, então, retirada uma das dificuldades principais no caminho de aceitá-los como fatos – a suposta impossibilidade de correlacioná-los com quaisquer outros fenômenos. Os homens eminentes na literatura, arte ou ciência que ingressaram na SPR e que têm contribuído nos seus *Proceedings* deram aos objetos dessa pesquisa uma posição e *status* que eles não possuíam. Ao mesmo tempo, a seriedade, o rigor, a habilidade literária e a perspicácia filosófica com que a evidência foi apresentada ao mundo levaram à aceitação de que as diversas classes de aparições conhecidas como duplos, fantasmas dos vivos ou dos mortos, luzes espectrais, vozes, sons musicais, e os variados efeitos físicos que ocorrem em casas assombradas, são fenômenos reais e não muito incomuns, dignos de estudos sérios e apenas duvidosos quanto à interpretação a ser dada a eles.

Alguns dos melhores trabalhadores da SPR, é verdade, ainda insistem em que a evidência é muito deficiente, tanto em quantidade quanto em qualidade, e que muito mais precisa ser obtido antes que possa ser tratada como realmente conclusiva. Essa visão, todavia, parece-me completamente errônea. Ao examinar a evidência já publicada, acho que cada um dos principais grupos de fenômenos classificados está estabelecido por um considerável número de casos dos quais a prova está nos testemunhos em primeira mão, nas testemunhas confiáveis, e em que a evidência de diversas testemunhas independentes concorda em todos os detalhes importantes. E, além desses casos irrepreensíveis, há um amplo conjunto de outros cuja evidência não é completa individualmente, mas é tão completamente corroborativa em suas características gerais, e tão pouco menor que o melhor tipo de evidência, que o peso cumulativo do todo é extremamente grande. Não vou perder tempo, então, discutindo o valor da evidência em si; em vez disso, vou dedicar minha atenção inteiramente à consideração de que os fatos ensinam como é a natureza real dos fenômenos.

Isso é o mais necessário, porque, até o tempo presente, a única explicação para as várias classes de aparições sugerida pelos mais proeminentes membros da SPR é a de que são alucinações decorrentes da ação telepática de uma mente sobre outra. Esses escritores têm estendido a teoria da telepatia aos seus mais extremos limites, como afirmaram que se sentem obrigados a fazer, para explicar o que é mais importante dos fenômenos que têm anunciado. E a principal diferença de opinião parece ser, agora, se todos os fatos podem ser explicados como decorrentes principalmente das impressões telepáticas de um agente vivo – uma posição sustentada pelo sr. Podmore – ou se os espíritos dos mortos são, em alguns casos, os agentes, como pensa o sr. Myers. Mas para dar a essa teoria telepática até uma mostra de probabilidade, é necessário excluir ou explicar certo número dos mais sugestivos e interessantes casos agrupados pela SPR, e também deixar indubitável que todas as classes de fenômenos são nada mais que uma variação da hipótese adotada.[8] É para esses últimos casos que desejo agora chamar a atenção, porque eles nos levam a conclusões totalmente diferentes das dos escritores acima citados, tanto para a natureza das aparições quanto para os agentes envolvidos em sua produção.

Há cinco tipos de evidências que sugerem ou permitem prova direta da objetividade das aparições:

[8] "Os fantasmas dos mortos sob outro ponto de vista", por F. Podmore, e "Uma defesa dos fantasmas dos mortos", por F.W. H. Myers, em *Proceedings of the Society for Psychical Research*, parte 16, 1890. Nesses trabalhos, a teoria da telepatia extrema é proposta pelo sr. Podmore com admirável ousadia e repleta de explicações, e é forçosamente combatida pelo sr. Myers, cujos pontos de vista expressos aqui são, contudo, apenas um pouco mais que os do seu colega de trabalho.

1. alucinações coletivas, ou percepção dos mesmos sons ou visões de fantasmas por duas ou mais pessoas ao mesmo tempo;
2. fantasmas vistos ocupando diferentes pontos no espaço, por pessoas diferentes, correspondendo ao seu movimento aparente ou à persistência do fantasma em um ponto, mesmo com a mudança de posição do observador;
3. os efeitos dos fantasmas sobre animais domésticos;
4. os efeitos físicos aparentemente produzidos por fantasmas ou ligados ao seu aparecimento;
5. o fato de que fantasmas, visíveis ou invisíveis às pessoas presentes, podem ser e têm sido fotografados. Exemplos de cada um desses grupos de casos serão agora dados, e sua implicação na questão em pauta será brevemente discutida.

1. As (chamadas) alucinações coletivas

Casos desse tipo são muito numerosos, e alguns deles perfeitamente atestados. Detenhamo-nos primeiro no da figura de um homem vista repetidamente pela sra. W., por seu filho, um menino de nove anos, e por sua enteada. Ele foi visto distintamente nas horas mais inesperadas, como quando se tocava piano, quando se jogava críquete no jardim, e por duas pessoas de uma só vez quando jogavam com a raquete e a peteca.[9] Uma voz também foi ouvida distintamente pelas duas mulheres. A descrição que elas fizeram da figura concordava completamente e a aparição ocorreu em uma casa considerada assombrada.[10]

Uma aparição como essa, vista por duas mulheres que de forma alguma são desequilibradas, e que nunca haviam tido antes qualquer experiência similar, e também por um menino enquanto brincava, deve quase necessariamente implicar a visão de algum objeto real. Além disso, assim como o major-cirurgião W., eles são categóricos em afirmar que a forma não pode ter sido de nenhuma pessoa viva.

Um caso igualmente notável é o da jovem, vestida de branco, que, esporadicamente, ao longo de dez anos, era vista pelo sr. John D. Harry, por suas três filhas, por sua empregada e parcialmente por um de seus genros. O sr. Harry a viu em sete ou oito ocasiões em seu quarto e em sua biblioteca. Em uma das vezes, ela suspendeu o mosquiteiro de sua cama (isso tudo ocorreu em uma casa no sul da Europa) e olhou de perto o seu rosto. Ela

---

[9] A palavra em inglês é '*shuttlecock*' (volante), que também é usada para designar a peteca de badminton. [N.T.]

[10] *Proceedings of the Society for Psychical Research*, parte 8 (maio de 1855), pp. 102-6.

apareceu, ao mesmo tempo, a todas as três jovens e a sua empregada, mas aparentemente sob uma forma mais sombria. Aqui, novamente, parece impossível que tantas pessoas pudessem ter uma visão semelhante ou idêntica sem que houvesse qualquer realidade correspondente.[11]

De outro tipo é a figura feminina em branco que foi vista em uma tarde de verão flutuando sobre uma cerca viva, a aproximadamente três metros do chão, por duas jovens de treze anos e um garoto. Eles a observaram durante alguns minutos passando sobre um campo até que a perderam de vista em uma plantação. Todos estavam com boa saúde e não haviam visto aparição anteriormente. Eles estavam conduzindo uma carroça naquele momento e, quando a figura apareceu, o cavalo parou e tremeu assustado, tanto que eles não puderam montá-lo. Este último fato, que será citado em outra parte, deixa quase certo que a figura era objetiva à visão.

Como um tipo de fenômeno auditivo, vamos tomar as perturbações na casa de um clérigo, que ocorreram quase todas as noites ao longo de vinte anos. Os sons eram batidas altas, frequentemente ouvidas por todos ao redor da casa e dentro dela, e ocorriam usualmente da meia-noite às duas da manhã. Algumas vezes um som era ouvido como

---

[11] *Proceedings of the Society for Psychical Research*, parte 8 (maio de 1885), pp. 111-3.

se fosse produzido por uma carroça muito carregada com barras de ferro passando abaixo das janelas, contudo, numa busca imediata, nada se via. Damas e cavalheiros que visitavam o local ouviam esses sons variados tanto quanto os moradores da casa, e, apesar de longas em continuadas buscas e observações, nenhuma causa natural jamais foi encontrada. Em um caso como este, é impossível duvidar que os sons fossem reais.[12]

Igualmente notável é o caso em que uma família inteira e um visitante, em uma casa de campo isolada, ouviram um barulho alto e contínuo na porta da frente, que parecia balançar em sua estrutura e vibrar sob algumas tremendas pancadas. Os empregados, que estavam dormindo na parte de trás da casa, a uns dezoito metros da porta, acordaram por causa do distúrbio e foram correndo, não inteiramente vestidos, para ver o que significava aquele barulho espantoso. A casa estava fechada com grades altas e portões trancados e, após uma busca imediata, nada pôde ser encontrado para explicar o barulho. O visitante, contudo, sr. Garling, de Folkestone, que explica o acontecido, vira naquela tarde um fantasma de um amigo que ele havia deixado com sua família quatro dias antes, todos em perfeita saúde; e, no momento da batida, a esposa do seu amigo e dois empregados haviam morrido de cólera, e ele

[12] *Phantasms of the living*, vol. 2, p. 197.

próprio estava morrendo, e havia implorado o dia todo para que seu amigo Garling fosse até lá.[13] Aqui podemos bem supor que o (talvez subjetivo) fantasma, tendo falhado em levar o perceptor[14] para seu amigo moribundo, usou um violento som objetivo que deveria chamar a atenção por ser audível por toda a casa.

2. Fantasmas cuja objetividade é indicada por relações espaciais definidas

Passemos agora para um grupo de fenômenos que indica ainda mais claramente a real objetividade dos fantasmas, isto é, suas relações espaciais definidas, como testemunhado por um ou muitos perceptores. Desse tipo é o caso, dado apenas como um esboço, de uma dama chorosa que apareceu a cinco pessoas, e em muitas ocasiões para duas delas conjuntamente. O ponto interessante, contudo, é o que foi indicado no seguinte trecho:

> Eles foram juntos atrás dela (a figura) até a sala de estar; ela então saiu e des-

[13] *Phantasms of the living*, vol. 2, pp. 149-51.

[14] Os autores de *Fantasmas dos vivos* usam a palavra inglesa *percipient*. Como não encontramos similar dicionarizado, traduzimos por *perceptor* (Grande e Novíssimo Dicionário da Língua Portuguesa. Laudelino Freire). [N.T.]

> ceu uma passagem que levava para a cozinha, mas foi no minuto seguinte vista por outra pessoa, a srta. D., subindo os degraus externos da cozinha. Nesse mesmo dia, a filha casada do capitão D. estava em uma janela no andar de cima e, de modo independente, viu a figura continuar seu curso pelo gramado e entrar no pomar.[15]

Aqui é quase impossível conceber que várias alucinações das quatro pessoas deveriam corresponder de forma tão exata e ajustar-se uma à outra. Alguma coisa objetiva, mesmo se insubstancial, parece absolutamente necessária para produzir os efeitos observados.

No próximo caso, um bem conhecido clérigo e autor de Boston, Massachusetts – o falecido reverendo W. Mountford –, estava visitando alguns amigos nos pântanos de Norfolk, quando uma carruagem com o irmão e a cunhada do seu anfitrião, que moravam por perto, foi vista em movimento na estrada entre duas casas. O cavalo e a carruagem foram reconhecidos, bem como seus ocupantes, e vistos por três pessoas que, em frente à casa, observaram-nos passar. Mas nenhuma batida foi ouvida e, ao se dirigirem à porta, nada foi visto. Cinco minutos depois, uma jovem, filha das pes-

[15] *Proceedings of the Society for Psychical Research*, parte 8 (maio, 1885) pp. 117, 146.

soas da carruagem, chegou e informou ao seu tio e sua tia que seu pai e sua mãe, em seu cabriolé, haviam passado por ela na estrada e, para sua surpresa, não falaram com ela. Dez minutos depois, as pessoas reais chegaram tal como tinham sido vistas um quarto de hora antes, tendo vindo diretamente de sua casa. Nenhum dos quatro perceptores teve qualquer dúvida quanto à realidade da carruagem fantasma e seus ocupantes até o aparecimento da carruagem real.[16] Não estamos agora preocupados com a causa ou a natureza desse extraordinário 'duplo' ou fantasma dos vivos, com seu cavalo e cabriolé; isso será discutido em outro artigo. O caso é apresentado aqui apenas como prova da objetividade da aparência, mostrando que *algo* capaz de ser percebido pela visão ordinária passou pela estrada perto da casa onde o sr. Mountford estava hospedado quando o evento aconteceu.

3. Efeitos de fantasmas em animais

Agora vamos para um grupo de fenômenos que, embora frequentemente registrados nas publicações da Society for Psychical Research, não receberam atenção especial na fundamentação das teorias propostas pelos membros da SPR, e têm sido ou ignorados ou explicados por suposições arbitrárias do tipo mais improvável. Portanto, será ne-

[16] *Phantasms of the living*, vol. 2, pp. 97-9.

cessário referir-se à evidência para esses fatos de forma mais completa do que para os que foram considerados até o momento.

Já mencionei o caso da figura feminina de branco, vista, por três pessoas, flutuando sobre uma cerca, a uns três metros do chão, quando o cavalo que eles conduziam "parou de repente e tremeu assustado". Nos comentários sobre esse caso, no livro *Fantasmas dos vivos*, nenhuma referência foi feita à reação do animal, mesmo sendo certamente crucial, uma vez que dificilmente podemos supor que uma aparição completamente subjetiva, vista por seres humanos, seria também vista por um cavalo.

Durante as enormes batidas registradas pelo sr. Garling, e já citadas, foi afirmado que havia um grande cão em um canil próximo da entrada dianteira, especialmente para alertar os intrusos, e dentro um pequeno *terrier* que mordia a todos; ainda, quando o barulho ocorreu despertando os empregados a uma distância de uns dezoito metros, "os cães não deram um latido sequer; o *terrier*, ao contrário da sua natureza, fugiu tremendo para debaixo do sofá e se recusou a ir para a porta, e nada podia induzi-lo a ir para a escuridão".

Na notável descrição de uma casa assombrada durante uma ocupação de doze meses por um dignitário bem conhecido da Igreja inglesa, é apontado o comportamento muito diferente dos cachorros na presença de distúrbios reais e fantasmáticos. Quando houve uma tentativa de roubar o vicariato, os cachorros deram pronto alarme e o clérigo foi despertado por seus latidos ferozes. Durante os barulhos misteriosos, contudo, embora fossem muito mais altos e mais perturbadores, eles nunca latiram, mas foram sempre "encontrados encolhidos em um estado de lamentável terror". Foi dito que estavam mais perturbados do que qualquer outro membro do estabelecimento, e "se não ficassem calados lá embaixo, fariam seu caminho para o nosso quarto e lá deitariam, agachados e ganindo, enquanto se permitisse que o fizessem".

Na descrição da assombração de uma casa em Hammersmith, perto de Londres, que durou cinco anos, onde passos e barulhos eram ouvidos e uma mulher fantasma era vista, "o cão gania incessantemente" durante os distúrbios, e "o cachorro evidentemente continuava com medo da sala quando chegou a manhã. Eu o chamei para entrar comigo, e ele se agachou com o rabo entre as pernas e pareceu temer entrar na casa".[17]

Na ocasião de um "grito de lamento" ouvido antes de uma morte numa casa paroquial em Staffordshire, uma casa completamente isolada em um campo aberto, "encontramos um buldogue de

---

[17] *Proceedings of the Society for Psychical Research*, parte 8, p. 116.

estimação, um animal muito corajoso, tremendo aterrorizado, com seu focinho encostado em alguns tarugos de lenha que eram mantidos sob os degraus". Em outra ocasião, "um uivo horrível seguido por som agudo após som agudo", com um som semelhante àquele causado por um vento forte que era ouvido, embora tudo além das portas estivesse bem tranquilo, e foi dito: "Nós tínhamos três cães dormindo no quarto da minha irmã e no meu, e eles estavam totalmente encolhidos com medo, seus pelos eriçados; um deles – um buldogue – estava sob a cama e recusava-se a sair, e quando foi retirado ficou tremendo muito".[18] A observação da sra. Sidgwick sobre esses e outros casos de sons de alerta é que, "se não eram sons reais da natureza, devem ter sido alucinações coletivas". Mas não foi mostrado que "sons reais da natureza" produzem tais efeitos sobre cães, e não há sugestão de que "alucinações coletivas" podem ser transferidas telepaticamente a esses animais. Em um caso, contudo, é sugerido que o cachorro deve ter "ficado doente subitamente".

No notável registro feito pelo general Barter, de um pônei e seu cavaleiro fantasmagóricos com dois noivos nativos vistos na Índia, dois cães que imediatamente antes estavam caçando no matagal que cobria a colina foram ao lado do general e se

[18] *Proceedings of the Society for Psychical Research*, parte 13, pp. 307-8.

encolheram, dando baixos e amedrontados ganidos e, quando ele perseguiu o fantasma, os cães voltaram para casa, embora em todas as outras ocasiões eles fossem seus companheiros mais fiéis.[19]

Esses casos, apresentados com a maior autoridade pela Society for Psychical Research, podem ser complementados por uma referência a autores mais antigos. Durante as perturbações na casa do sr. Mompesson em Tedworth, registradas pelo reverendo Joseph Glanvil, com base em observação pessoal e entrevistas, em seu trabalho *Sadducismus Triumphantus*:

> [...] observou-se que, quando o barulho era mais alto, e vinha com a mais súbita e surpreendente violência, nenhum cão perto da casa se movia, embora a batida fosse frequentemente tão intensa e rude que era ouvida nos campos, a uma considerável distância, e despertava os vizinhos na vila, sendo que nenhum deles morava muito perto daquela casa.

Assim, nos distúrbios em Epworth Parsonage, em relato dado pelo eminente John Wesley, após descrever estranhos barulhos parecidos com ferro e vidro atirados ao chão, ele continua:

[19] *Proceedings of the Society for Psychical Research*, parte 14, pp. 469-0.

> Pouco depois, o nosso grande cão mastim veio e correu para abrigar-se entre eles (os pais de Wesley). Enquanto os distúrbios continuavam, ele latia e saltava de um lado para outro, e o fez com frequência, antes que qualquer pessoa na sala tivesse ouvido qualquer barulho. Depois de dois ou três dias, ele costumava tremer e rastejar antes que o barulho começasse. E, por isso, a família sabia que estava para acontecer; a observação nunca falhou.[20]

Durante os distúrbios no cemitério de Ahrensburg, na ilha de Oesel,[21] onde caixões foram revirados em criptas fechadas, e o caso foi investigado por uma comissão oficial, os cavalos dos camponeses que visitavam o cemitério frequentemente se tornavam tão alarmados e excitados que ficavam cobertos com suor e baba. Algumas vezes, atiravam-se sobre o solo, onde se debatiam em aparente agonia e, não obstante os recursos imediatos para remediá-los, vários morreram um ou dois dias depois. Neste caso, como em muitos outros, embora a comissão tivesse feito uma

[20] O relato desses distúrbios é dado em *Memoirs of the Wesley family*, do dr. Adam Clarke; no livro de Southey, *Life of Wesley*, e em muitos outros trabalhos.

[21] Trata-se da maior ilha da Estônia, mais conhecida como Saaremaa. [N.T.]

investigação mais rígida e aplicado testes rigorosos, nenhuma causa natural para os distúrbios foi descoberta.[22]

No relato do dr. Justinus Kerner, *A vidente de Prevorst*,[23] fala-se de uma aparição que mostrou-se a ela[24] durante um ano inteiro, que, assim que o espírito aparecia, um *terrier* preto que era mantido na casa parecia estar sensível à sua presença; pouco tempo depois que o cachorro corria, a figura ficava perceptível à vidente, como se estivesse protegendo alguma pessoa presente, geralmente uivando alto. Após sua primeira visão, ele nunca mais ficou sozinho durante a noite. Nesse caso, ninguém viu a figura, exceto a vidente, mostrando que essa circunstância não é prova da subjetividade de uma aparição.

No caso terrível de assombração dado ao sr. Robert Dale Owen pela sra. S. C. Hall, que estava pessoalmente ciente da maioria dos fatos, o homem que sofria a assombração não foi capaz de manter um cão por muitos anos. Um que ele havia levado para casa quando a sra. Hall se tornou conhecida dele (ele era irmão de uma amiga íntima dela) não pôde ser induzido a permanecer em seu

---

[22] Do livro de Robert Dale Owen, *Footfalls on the boundary of another world*, pp. 186-92.

[23] Há uma publicação em língua portuguesa deste livro pela editora O Clarim. [N.T.]

[24] Ele se refere a Frederica Hauffe, a vidente. [N.T.]

quarto de dia ou de noite após a assombração ter começado, e pouco depois fugiu e se perdeu.[25]

No maravilhoso caso de assombração na Pensilvânia, dado pelo sr. Hodgson no jornal *The Arena* de setembro de 1890 (p. 419), quando a aparição da dama de branco mostrou-se ao irmão do informante, encontramos esta declaração:

> Na terceira noite ele viu o cão encolher-se e arregalar os olhos, e então agir como se estivesse sendo conduzido ao redor do aposento. O irmão nada viu, mas ouviu uma espécie de ruído, e o pobre cão uivou e tentou se esconder, e nunca mais ele voltaria àquele cômodo.

Ora, essa série de casos de efeitos de fantasmas em animais é certamente notável e digna de considerações profundas. Fatos como esses, segundo as teorias de telepatia e alucinação, não deveriam acontecer, e eles são especialmente dignos de confiança, porque são quase invariavelmente introduzidos nas narrativas como se não fossem esperados, ainda que o fato de terem sido notados e registrados mostre que os observadores não estavam em pânico com o terror. Eles nos mostram inequivocamente que muitos fantasmas, visuais ou auditivos, e mesmo quando perceptíveis a so-

[25] *Footfalls on the boundary of another world*, pp. 326-9.

mente uma das pessoas presentes, são realidades objetivas; ao mesmo tempo, o terror apresentado pelos animais que os percebem, e seu comportamento tão diferente do habitual, na presença de visões e sons naturais, provam claramente que, embora objetivos, os fenômenos não são comuns, e não devem ser explicados como se decorressem de qualquer forma de truque ou de sons naturais mal interpretados. No entanto, esses fatos cruciais, que uma teoria verdadeira deve levar em conta, têm sido até agora tratados como pouco importantes e, exceto por algumas observações casuais do sr. Myers e da sra. Sidgwick, foram desconsiderados em todas as tentativas sérias feitas até o momento para explicar os fenômenos dos fantasmas.

4. Efeitos físicos produzidos por fantasmas ou em conexão com eles

Não deve haver prova mais convincente da realidade objetiva de um fantasma do que a produção de um movimento real ou o deslocamento de objetos materiais. Há evidências abundantes de tais efeitos; mas, devido ao método até agora adotado pelos principais membros da Society for Psychical Research, que dividem os fenômenos em grupos e discutem cada grupo separadamente, como se fossem isolados e não tivessem relação com o resto dos fenômenos, eles ainda não receberam atenção. A circunstância curiosa em que fantasmas visuais são frequentemente *vistos* abrir portas para entrar em um cômodo, cujas portas são depois encontradas fechadas e trancadas, presume lançar dúvida sobre os outros casos em que as portas realmente são abertas; mas todo aquele que presta atenção detidamente nessas questões deve estar convencido de que fantasmas são de muitos tipos, variando de meras imagens no cérebro de uma única pessoa até formas que não estão apenas visíveis a todos os presentes, mas algumas vezes são também tangíveis e capazes de agir com considerável efeito sobre a matéria comum. Consideremos alguns destes casos, começando com os registrados nas publicações da SPR.

O fantasma descrito pelo dr. Gwynne e por sua esposa foi visto pelos dois colocando sua mão na direção ou acima da lamparina que estava sobre a cornija da lareira, que foi apagada de uma vez. Tendo sido reacendida, ela queimou pelo resto da noite. É claro que é *possível* explicar isso como decorrência de uma rajada súbita de vento vinda da chaminé, mas não foi explicado por que a única rajada durante a noite teria acontecido bem no momento em que o fantasma foi visto por duas pessoas colocando sua mão sobre a lamparina.[26]

Na casa em Hammersmith, onde uma figura masculina era vista e barulhos eram ouvidos du-

[26] *Phantasms of the living*, vol. 2, p. 202.

rante cinco anos, a sra. R., que os descreve, diz que em uma ocasião as cortinas de sua cama foram puxadas para trás. Ela continua: "Frequentemente as portas se abriam para mim antes de eu entrar em um cômodo, como se uma mão apressadamente girasse a maçaneta e as empurrasse para abri-las".[27]

Em outro caso de casa assombrada, o sr. K. Z., considerado um homem de reputação, afirmou que "portas se abriam e fechavam na casa sem causa aparente", e "sinos[28] eram tocados no meio da noite, fazendo com que todos os habitantes da casa levantassem e procurassem por ladrões".[29] Novamente, em uma casa onde aparições foram vistas por quatro pessoas, três pessoas sentadas juntas em uma sala foram atraídas pelo rangido da porta, "e nós a vimos abrir vagarosamente cerca de um terço, e ela permaneceu assim". Tal forma de abrir nunca havia sido vista antes.[30]

O dr. Eugene Crowell descreve uma lista das diversas vezes que, em uma casa no Brooklyn, ele próprio teve seu chapéu atirado da sua cabeça en-

---

[27] *Proceedings of Society for Psychical Research*, parte 8, p. 115.

[28] Nas residências da época a que Wallace se refere, em lugar de campainhas elétricas, as residências podiam ter sinos, que eram tocados com uma corda em um mecanismo simples, anunciando a chegada de um visitante. Wallace vai apresentar ao longo do texto diversas situações em que sinos são tocados sem que se encontre uma pessoa responsável pelo fenômeno. [N.T.]

[29] *Proceedings of Society for Psychical Research*, parte 1, p. 107.

[30] *Proceedings of Society for Psychical Research*, parte 14, p. 443.

quanto descia as escadas ou passava pelo corredor, e sob circunstâncias que tornavam impossível explicar pela ação de uma pessoa viva.[31] No caso já citado, dado pelo sr. Hodgson no *Arena* de setembro, portas eram frequentemente abertas e fechadas, e quadros, relógios e outros objetos eram atirados ao chão com grande estrondo, em uma sala onde não havia ninguém na ocasião, enquanto outro quadro caiu em frente da senhora quando ela estava entrando na sala.

Todos esses casos, porém, são insignificantes em comparação com a evidência proporcionada pelo toque de sinos em Great Beallings, Suffolk, e em outros lugares. Um desses relatos foi publicado em 1841 pelo major Moor, um membro da Royal Society, em cuja casa ocorreu. O barulho do sino, de um tinido violento, ocorreu quase diariamente por quase dois meses, em um período em que todos os esforços foram feitos para descobrir uma causa natural para o fenômeno, mas em vão. O major Moor diz: "Os sinos tocavam dezenas de vezes quando ninguém era visto na passagem, ou nos fundos, ou na casa, ou nos jardins. Nem eu, nem os empregados, nem ninguém podia avaliar o assombro que eu e mais que uma dezena de pessoas sentimos". E ele declara, finalmente: "Eu estou completamente convencido de que o toque não ocorre por ação humana".

[31] *Primitive Christianity and Modern Spiritualism*, vol. 1, p. 191.

A publicação de sua declaração no *Ipswich Journal* levou a ele relatos de não menos que quatorze distúrbios similares em várias partes da Inglaterra, cada um deles igualmente não explicável. Um deles aconteceu no Hospital Greenwich, e seu relato foi dado ao major Moor pelo tenente Rivers, um colega de Nelson. Os sinos nos apartamentos do tenente Rivers, no hospital, tocaram durante quatro dias. O mestre de obras, seu assistente, um técnico em sinos e muitos homens de ciência tentaram descobrir a causa, mas em vão. Fizeram cada um sair de casa; verificaram os sinos, as manivelas e os fios, mas, como no caso do major Moor, sem que se pudesse explicar melhor. Em outro caso, em uma casa perto de Chesterfield, toques de campainha longos e repetidos duraram dezoito meses. Técnicos de manutenção de sinos[32] e outras pessoas procuraram e vasculharam em vão. Os fios foram cortados, mas ainda assim os toques continuaram. Nem o dono, o sr. Ashwell, nem seu amigo, o sr. Felkins de Nottingham, futuro prefeito daquela cidade, nem qualquer outra pessoa foi capaz de descobrir, ou mesmo conjecturar, qualquer causa adequada para os fenômenos. Em muitos desses casos, o toque acontecia à luz do dia, e era repetido tão frequentemente que havia uma enorme oportunidade para descobrir o autor, se fosse

---

[32] A palavra original, '*bellhanger*', parece ser uma pessoa que toca o sino ou é encarregada dele. [N.T.]

humano. E a coisa em si era comparativamente tão simples que não há nenhuma oportunidade para um truque ser executado sem uma descoberta quase imediata. Em nenhum desses casos e, até onde sei, em nenhum outro absolutamente similar a esses, foi descoberto qualquer truque. Eles precisam ser classificados, então, como uma forma de assombração, comparável com as batidas e outros distúrbios tão comumente ligados com aparições fantasmáticas, e assim nos fornecendo evidências muito fortes da capacidade de os fantasmas agirem na matéria.[33]

5. Fantasmas podem ser fotografados, e são, portanto, realidades objetivas

É comum as chamadas "fotografias de espíritos" serem ridicularizadas, porque imitações de algumas delas são facilmente produzidas; mas um pouco de consideração mostrará que essa facilidade de imitação torna igualmente simples proteger-se contra a impostura, uma vez que as formas pelas quais a imitação é realizada são bem conhe-

[33] Um relato de todos esses quatorze casos de toques de sinos e de outros distúrbios, com nomes e datas, é dado em um pequeno volume, agora raro, intitulado *Bealings bells*. Um breve resumo deles é dado no livro *Debatable land*, de Robert Dale Owen, e no de William Howitt, *History of the supernatural*, vol. 2, p. 446.

cidas. De todos os eventos, vamos admitir que um fotógrafo experiente que fornece as chapas fotográficas e vê o conjunto das operações sendo realizadas, ou ainda as realiza pessoalmente, não pode ser tão enganado. Esse teste foi realizado repetidas vezes, e não há possibilidade de fugir da conclusão de que fantasmas, visíveis ou invisíveis aos presentes, podem ser e têm sido fotografados. Uma breve confirmação da evidência para apoiar esta afirmação será dada agora.

A primeira pessoa que obteve fotografias de espíritos foi um fotógrafo nova-iorquino chamado Mumler, que em 1869 foi preso e acusado de obter dinheiro por trapaça e impostura, mas após um longo julgamento foi absolvido porque nenhuma prova de tramoia ou tentativa de truque foi descoberta. Por outro lado, foi apresentada evidência da aplicação de testes extraordinários. Um fotógrafo profissional, o sr. W. H. Slee, de Poughkeepsie, observou todo o processo de sua prática fotográfica, e embora não houvesse nada de incomum no procedimento de Mumler, formas sombrias apareceram nas chapas fotográficas. Mumler foi depois ao estúdio de Slee, sem levar consigo nenhum material; ainda assim, os mesmos resultados foram produzidos. O sr. J. Gurney, um fotógrafo de Nova York com vinte e oito anos de experiência, atestou, após exame detido, que nenhuma trapaça pôde ser detectada no processo de Mumler. Ainda um terceiro fotógrafo, o sr. W. W. Silver, do Brooklyn, posicionou-se da mesma forma. Silver fez o mesmo processo, usando sua própria câmera e seus materiais, e quando Mumler estava presente, e apenas colocava sua mão sobre a câmera durante a exposição, formas adicionais ao lado do modelo apareciam nas chapas. Aqui temos o testemunho sob juramento, em uma corte, de três peritos, que tinham todos os meios possíveis para detectar impostura se impostura houvesse, e todos declararam que não havia e não podia haver impostura.[34]

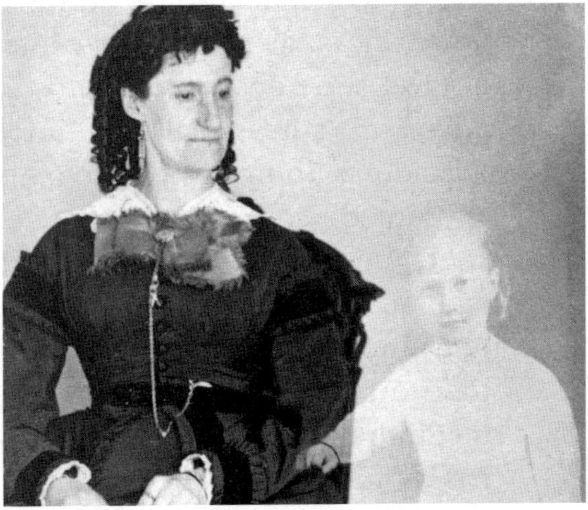

Detalhe da foto da sra. Tinkham feita pelo sr. William H. Mumler.

Seria fácil fornecer vinte casos ou mais em que pessoas de reputação afirmaram por escrito que obtiveram fotos reconhecíveis de amigos mor-

[34] Um relatório do julgamento apareceu no *The New York Times* de 22 de abril de 1869 e em muitos outros artigos. Um resumo das evidências é dado pelo dr. Crowell em seu *Primitive christtianity and modern spiritualism*, vol. 1, pp. 478-82.

tos quando eles próprios eram praticamente desconhecidos do fotógrafo, e mesmo quando não existia nenhuma foto ou gravura da pessoa morta. Em todos esses casos, contudo, a objeção feita é que as figuras são mais ou menos nubladas, e que a suposta aparência pode ser imaginária. Prefiro, portanto, fornecer apenas as evidências de peritos que mostram o aparecimento de outras figuras nas chapas fotográficas, além dos assistentes visíveis. A mais notável série de experimentos sobre esse assunto talvez seja aquela realizada durante três anos pelo falecido sr. John Beattie, de Clifton, um fotógrafo aposentado com vinte anos de experiência, e pelo sr. Thomson, de Edimburgo, um médico aposentado que praticou fotografia como amador por vinte e cinco anos. Esses dois cavalheiros realizaram todo o trabalho fotográfico, em sessões com um médium que não era fotógrafo. Eles tiraram centenas de fotografias, em séries de três tomadas consecutivas em intervalos de poucos segundos; e os resultados são os mais notáveis e os menos abertos a qualquer suspeição, porque não há em toda a série o que é popularmente chamado de fotografia de espíritos, isto é, a névoa parecida com alguma pessoa morta, mas todas são mais ou menos rudimentares, exibindo várias manchas de luz passando por mudanças definidas de formas, algumas vezes culminando em formas humanas indefinidas, ou cabeças do tipo medalhão, ou luminosidades em for-

Foto tirada pelo sr. John Watt Beattie, com o que parece ser, ao alto, a formação ectoplásmica de um rosto humano.

ma de estrela. Em nenhum caso havia qualquer causa conhecida para a produção dessas figuras. Tenho um conjunto de trinta e duas dessas fotografias notáveis, que me foram dadas pelo sr. Beattie, e fui pessoalmente apresentado ao sr. Thomson, que confirmou as declarações do sr. Beattie como as condições e circunstâncias sob as quais foram tiradas. Aqui temos uma investigação científica aprofundada realizada por dois peritos bem treinados, sem a possibilidade de serem ilusões; e eles demonstram o fato de que figuras fantasmáticas e luminosidades invisíveis aos observadores comuns podem refletir ou emitir raios actínicos,[35] de modo a imprimir suas

[35] Raios capazes de causar reações fotoquímicas, como em fotografias. [N.T.]

Outra foto tirada pelo sr. John Watt Beattie, onde se podem ver as formações luminosas.

formas e mudanças de formas em uma chapa fotográfica comum. Uma prova adicional desse fenômeno extraordinário é que, com frequência, e nos últimos experimentos sempre, o médium descreveu espontaneamente o que ele viu, e a imagem obtida no momento sempre mostrava o mesmo tipo de figura. Em uma das imagens o médium é mostrado entre os assistentes olhando fixamente e apontando com a mão. Enquanto fazia isso, ele exclamou: "Ali, uma luz brilhante! Vocês não conseguem ver?" E a foto mostra a luz brilhante no lugar para o qual seu olhar e sua mão haviam apontado.[36]

[36] Um breve relato desses experimentos, de anotações fornecidas pelo sr. Beattie e confirmadas pelo sr. Thomson, é dado na p. 200 do presente volume. O sr. Beattie publicou seu próprio relato na revista *Spiritual Magazine*, de setembro de 1873, e no *British Journal of Photography* do mesmo período.

Muito importantes, como confirmação desses resultados, são os experimentos do falecido sr. Thomas Slater, o óptico (de Euston Road, Londres), que obteve figuras secundárias em suas chapas quando apenas sua própria família estava presente, e em uma ocasião em que estava perfeitamente sozinho; do sr. R. Williams, M.A.,[37] de Haywards Heath; do sr. Traill Taylor, o editor do *British Journal of Photography*; e de muitos outros fotógrafos profissionais ou amadores, que concordam que, com todas as condições sob seu controle, figuras de fantasmas, além das imagens dos assistentes, apareceram nas chapas sem qualquer causa mecânica ou química aparente ou concebível.

Nos casos apresentados até agora, os fantasmas ou figuras fotografados têm sido invisíveis a todos os presentes, exceto aos médiuns, e algumas vezes até para eles; mas temos também exemplos de fotos de formas visíveis ou aparições que aconteceram na presença de um médium. Uma foto bem feita de uma forma espiritual que apareceu sob condições estritas de teste, com a srta. Cook como médium, foi tirada pelo sr. Harrisson, então editor do jornal *Spiritualist*. Uma gravura dessa foto aparece no frontispício do livro de Epes Sargent, *Proof palpable of immortality*

---

[37] M.A. é a abreviatura para *Master of Arts*, que seria a pós-graduação nos campos de humanidades, ciências sociais ou artes em geral (história, teatro, filmes e fotografia). [N.T.]

Uma das célebres fotos do espírito Katie King tiradas no laboratório de William Crookes, tendo como médium a srta. Florence Cook.

(*Prova palpável da imortalidade*),[38] com um relato das condições sob as quais foi obtida, assinado pelas cinco pessoas presentes. Mais tarde, o sr. Crookes obteve várias fotografias (mais de 40, ao todo) em seu próprio laboratório, com a mesma médium; e teve todas as oportunidades de verificar que o fantasma que aparecia e desaparecia, sob condições que tornaram impossível a dúvida, não era um ser humano, e era muito diferente de todas as características físicas da médium.[39 e 40]

[38] A Federação Espírita Brasileira tem a tradução para o português, feita pelo marechal Ewerton Quadros, de outro livro do mesmo autor: *The scientific basis of spiritualism*. [N.T.]

[39] Um relato desses experimentos, e daqueles que os precederam, é dado em um pequeno volume intitulado *Researches in the phenomena of spiritualism*, de William Crookes, F.R.S., Londres, 1874; e eles são sintetizados no livro de Epes Sargent *Proof palpable of immortality*, pp. 100-10.

[40] F.R.S. é a abreviatura de *fellow of Royal Society*, que signi-

Essa longa série de experimentos fotográficos e testes, da qual apenas o mais breve resumo foi apresentado, não foi até agora nem citada pelos pesquisadores da Society for Psychical Research. Contudo, eles não podem mais ignorá-la, porque assumiram a tarefa de recolher a totalidade das evidências dos fenômenos psíquicos e de estimar de modo justo o peso de cada um dos grupos sob os quais essa evidência recai. Agora eu sustento que essa evidência fotográfica é superior em qualidade a qualquer uma que eles recolheram até o momento, por duas razões. Em primeiro lugar, é evidência experimental, e experimentos são raramente possíveis nas melhores pesquisas psíquicas;[41] em segundo lugar, é a evidência de peritos em uma operação na qual os detalhes completos são perfeitamente familiares a eles. Sustento, além disso, que essa evidência não pode ser mais ignorada, porque é evidência que vai às raízes de toda a pesquisa, e possibilita o mais completo e crucial teste no problema da subjetividade ou objetividade das aparições. Qual é a utilidade de elaborados argumen-

---

fica membro da Sociedade Real. A Federação Espírita Brasileira publicou o livro *Fatos espíritas*, que traduz parte do *Researches in the phenomena of spiritualism*, de Crookes. [N.T.]

[41] Wallace deve estar se referindo à pesquisa experimental, em oposição à pesquisa de observação, categorias usadas na metodologia de pesquisa. O aumento de pesquisas experimentais no campo dos estudos psíquicos vai ser mais difundido no século XX, no contexto da parapsicologia proposta por Rhine. [N.T.]

tos para mostrar que todos os fenômenos devem ser explicados pelos vários efeitos da telepatia, e que não há evidência da existência de aparições objetivas ocupando posições definidas no espaço, quando a câmera e a chapa sensível provaram diversas vezes que tais fantasmas objetivos realmente existem? Tais argumentos, baseados apenas em uma pequena porção dos fatos, lembram-me um *jeu d'esprit* literário: "Dúvidas históricas quanto à existência de Napoleão Bonaparte"; e para aqueles que estão familiarizados com todo o conjunto de fenômenos a serem explicados, são igualmente convincentes.

Alfred Russell Wallace em foto com uma formação ecto_ plásmica de sua própria mãe, Mary Anne Greenell.

Resumi muito brevemente e discuti as várias classes de evidências que demonstram a objetividade de muitas aparições. Os diversos grupos de fatos, ainda que sólidos por si mesmos, ganham muita força pelo suporte que um dá ao outro. Na teoria da realidade objetiva, são todos harmoniosos e consistentes. Na teoria da alucinação, alguns exigem teorias elaboradas e não compatíveis para sua explicação, enquanto a grande massa deles é totalmente inexplicável, e tem de ser, então, ignorada, ou posta de lado, ou explicada depois. Alucinações coletivas (assim chamadas) são consideradas frequentes. Que fantasmas frequentemente se comportam como realidades objetivas em relação aos objetos materiais e às diferentes pessoas também é admitido. Isso é como deveria ser se eles forem objetivos, mas é dificilmente explicável pela teoria subjetiva ou telepática. O comportamento de animais na presença dos fantasmas mostra que estes são tão reais para eles quanto para os homens e mulheres, e é o que poderíamos esperar de realidades incomuns; isso, porém, produz dificuldades enormes para qualquer outra teoria. Os efeitos físicos produzidos pelos fantasmas (visíveis ou invisíveis) possibilitam um teste crucial de objetividade, e são tão numerosos e tão bem atestados que não podem ser ignorados ou explicados depois. E, finalmente, vem o teste de objetividade proporcionado pela câmera fotográfica nas mãos de peritos e físicos de primeira categoria, tornando simplesmente impossível qualquer fuga a essa conclusão.

Limitei esta discussão estritamente a uma questão de *objetividade*, um termo que não necessariamente implica *materialidade*. Não sabemos se o éter luminífero é material, ou se a eletricidade é material, mas ambos são certamente objetivos. Alguns têm usado o termo "matéria não molecular" para a substância hipotética de que os fantasmas visíveis são compostos – uma substância que parece ter a propriedade, sob certas condições, de agregar a si matéria molecular, de forma que fantasmas tangíveis ou que exercem força são produzidos. Mas isso é tudo teórico, e nós ainda não temos conhecimento suficiente que nos permita teorizar o que pode ser chamado de anatomia e fisiologia dos fantasmas. Há, no entanto, uma questão mais ampla a ser discutida, para a qual eu acho que temos materiais para chegar a uma interessante e útil conclusão. Refiro-me à natureza geral e à origem de várias classes de aparições de fantasmas, dos 'duplos' de pessoas vivas àquelas aparições que nos trazem notícias de nossos amigos que partiram, ou são capazes, em alguns casos, de nos advertir sobre eventos futuros que nos afetarão mais ou menos profundamente. Esta questão compreende o assunto do próximo ensaio.

2ª Parte

O que são fantasmas e por que eles aparecem?[42]

[42] Reimpresso de *The Arena*, fevereiro de 1891.

As teorias que têm sido propostas pelos mais proeminentes membros da Society for Psychical Research para explicar os fenômenos de fantasmas ou aparições de vários tipos são todas baseadas na telepatia ou transmissão de pensamento. A evidência empírica foi estabelecida a partir de uma série de experimentos. Descobriu-se que muitas pessoas são mais ou menos sensíveis aos pensamentos ou ao poder de sugestão das outras, e que são capazes de reproduzir, de forma mais ou menos parecida, quaisquer imagens mentais definidas que se tentou transmitir-lhes. Argumenta-se que aqueles que tiveram experiência com visões ou sons de fantasmas são uma espécie de leitores de pensamento e são tão poderosamente afetados pelos pensamentos dos amigos, que estão em certos estados de excitação mental ou de crises físicas – especialmente em períodos de perigo iminente ou no momento da morte –, a ponto de exteriorizar esses pensamentos sob a forma de alucinações visuais ou auditivas, seja no estado de vigília ou sob a forma de sonhos vívidos incomuns.

Essa teoria telepática é mantida por receber forte apoio e por estar de fato quase provada, pelos curiosos fenômenos dos duplos ou fantasmas de pessoas vivas vistos por certos amigos sensitivos, quando estas *desejam* fortemente ser vistas em um dado momento. Tal é o caso de um amigo que apareceu ao sr. Stainton Moses no momento em que fixou seus pensamentos nele, antes de deitar-se, assim como o do sr. B., que diversas vezes apareceu à noite a duas senhoras, em situações em que ele foi dormir com o desejo expresso e a intenção de lhes aparecer.[43] Há, entretanto, dificuldades nesses casos. O suposto agente não costuma decidir exatamente como irá aparecer ou o que irá fazer. Em um caso, o sr. B. apareceu não para as senhoras em quem estava pensando, mas para uma irmã delas, casada, que ele mal conhecia e que, por acaso, ocupava o quarto delas. Essa senhora viu o fantasma no corredor, indo de um cômodo para outro, na hora em que o agente desejava estar na casa; e novamente, na mesma noite, na hora em que ele quis estar no quarto da frente. Nesta ocasião, o fantasma foi à cama dela e segurou o seu cabelo, depois a sua mão, observando-a com atenção durante algum tempo. Ora, é dificilmente assegurada pelos fatos a suposição de que o simples desejo ou

[43] *Phantasms of the Living*, vol. 1, pp. 103-8.

vontade de estar em certa parte de uma casa, em determinado horário, possa causar o aparecimento de um fantasma para uma pessoa que por acaso lá esteja, e que faça aquele fantasma realizar certos atos que não parecem ter sido desejados pelo suposto agente. Isso sem dúvida não é telepatia em seu sentido geralmente aceito; isso não é a transferência de um pensamento a um indivíduo, mas a produção do que parece ser um fantasma objetivo em um lugar definido. É inconcebível também que um mero desejo possa produzir tal fantasma, a não ser que admitamos que, de fato, o espírito do adormecido tenha deixado o corpo com a finalidade de ir ao local desejado e que ele tenha o poder de tornar-se visível a qualquer um que por acaso lá esteja. Vejamos se há quaisquer outros fatos referentes a duplos que possam trazer alguma luz a esta questão.

O sr. Fryer, de Bath, ouviu claramente o seu nome ser chamado pela voz de um irmão que estava fora de casa havia alguns dias. Nesse mesmo instante, tanto quanto se pôde assegurar, o irmão perdera o equilíbrio e caíra sobre uma plataforma ferroviária, chamando o nome de Fryer assim que caiu.[44] Este caso é semelhante ao da sra. Severn, que, enquanto estava na cama, numa manhã, sentiu uma pancada violenta em seus lábios, tão real que ela pôs o seu lenço neles, achando que

[44] *Proceedings of the Society for Psychical Research*, vol. 1, p. 134.

estivessem sangrando. Ao mesmo tempo, o sr. Severn, pego por uma tempestade em um barco, levou uma pancada violenta do leme, na mesma parte de sua boca. No primeiro caso, o irmão do sr. Fryer não tinha nenhuma vontade consciente de ser ouvido por ele; e, no outro caso, o sr. Severn certamente não desejava que sua esposa sentisse o golpe, mas, muito pelo contrário, estava extremamente desejoso de ocultar dela que ele sofrera uma pancada.[45] Nos dois casos, se os supostos agentes tiveram alguma coisa a ver com a produção final da voz ou da sensação fantasmática, foi por algum processo automático ou inconsciente. A evidência experimental da telepatia, porém, mostra que ela é produzida pelo poder da vontade ativa e consciente do agente ou dos agentes, e provaria, portanto, quando muito, que em ambos os casos havia uma terceira parte que era na realidade o agente produtor e desejante do efeito telepático. Esta ideia é considerada ainda mais provável em outros casos de 'duplos' e de avisos, dos quais o seguinte é o mais notável.

O sr. Algernon Joy, um engenheiro empregado nas docas de Penarth, em Cardiff, Gales do Sul, estava caminhando em uma estradinha rural próxima à cidade, absorto com um cálculo relacionado com as docas, quando ele foi atacado e derrubado por dois mineiros. Seus pensamentos

[45] *Proceedings of the Society for Psychical Research*, vol. 6, p. 128.

foram imediatamente direcionados para a possível causa do ataque, para a possibilidade de identificar os agressores e informar a polícia. Ele estava certo de que, cerca de meia hora antes e até uma ou duas horas depois do ataque, não houve nenhuma ligação, direta ou indireta, entre seus pensamentos e um amigo em Londres. No entanto, quase no preciso momento do assalto, seu amigo reconheceu os passos do sr. Joy na rua, atrás dele. Ele então se virou e viu o sr. Joy "tão claramente como ele sempre o vira em sua vida", viu que ele parecia tenso, perguntou o que estava acontecendo e recebeu a resposta: "Vá para casa, velho amigo, fui ferido". Tudo isso foi comunicado por carta ao amigo, que foi respondida por outra, do sr. Joy, relatando o incidente.[46] Neste caso, se o 'duplo' era uma verdadeira alucinação auditiva e visual ou um fantasma objetivo, não poderia ter sido produzido sem uma causa adequada. Afirmar que o sr. Joy era, ele próprio, a causa inconsciente não pode ser considerado como uma explicação ou como algo que de alguma forma nos ajude a formar uma compreensão de como tais coisas podem acontecer. Precisamos imperativamente de um agente produtor, de algum ser intelectual que tenha a vontade e o poder de produzir tal fantasma verídico.

O próximo caso exige ainda mais claramente um agente diferente daqueles diretamente en-

[46] *Phantasms of the Living*, vol. 2, p. 524.

volvidos. O sr. F. Morgan, de Bristol, um jovem que morava com sua mãe, estava assistindo a uma aula expositiva com muito interesse. Ao entrar na sala de aula, ele viu um amigo, com quem decidiu voltar para casa a pé após a aula. Mais ou menos no meio da exposição, ele percebeu uma porta ao lado do tablado, mais distante do que a entrada do corredor, e subitamente, sem saber por quê, ele se levantou e andou metade da distância da sala para ver se a porta se abriria. Girou a maçaneta, entrou e fechou a porta, encontrando-se no escuro sob o tablado. Ao perceber um feixe de luz, dirigiu-se a ele, percorreu uma passagem que o levou novamente ao corredor, ao fim do qual passou pela porta de entrada, sem qualquer pensamento sobre a aula, que continuava acontecendo, nem sobre o amigo com quem voltaria, e então caminhou calmamente para casa, sem qualquer agitação ou abalo, e bastante inconsciente, por um bom tempo, de que fizera algo incomum. Entretanto, quando chegou ao seu destino, viu a casa ao lado da sua em chamas e sua mãe em pânico. Ele imediatamente levou sua mãe para um lugar seguro e, em seguida, passou duas ou três horas lutando contra o fogo. A casa vizinha ficou toda queimada, e a sua própria estava em grande perigo, e foi um pouco atingida.

O sr. Morgan afirma que, de acordo com seu temperamento, se ele tivesse sentido qualquer impressão de que estava havendo um incêndio ou de que sua mãe estava em perigo, ele provavelmente teria ignorado, por ser mera fantasia, e se recusado a seguir seus impulsos. Sua mãe apenas desejou sua presença, mas não dirigiu sua vontade para ele. Que agente, então, era esse que atuou em sua organização mental, primeiro aparentemente, através da simples curiosidade, de uma forma estranha, mas eficiente, levando-o tão rapidamente e sem que ele percebesse que estava sendo influenciado ou guiado em suas ações, que lhe pareciam perfeitamente voluntárias e normais? Não podemos deixar de ver neste caso o exercício contínuo de alguma influência mental, guiada por um conhecimento preciso do caráter do indivíduo e do que acontece ao seu redor, no momento preciso, e que o dirigiu com tamanho cuidado e critério para evitar que ele ficasse ansioso, o que poderia ser fatal ao objetivo visado. Vemos então que, mesmo nos restringindo aos indubitáveis fantasmas dos vivos, ou às impressões sem ligação com a morte, os fatos são completamente inexplicáveis com base em qualquer teoria de telepatia entre pessoas vivas, mas apontam claramente para a atuação de inteligências preter-humanas[47] – em outras

[47] O prefixo latino '*preter-*' tem diversos significados, como 'além', 'ao longo de', 'em oposição a', 'acima de'. Embora existisse a palavra '*preterhuman*', Wallace prefere deixar o prefixo com hífen, o que sugere que ele quer dar um sentido próprio ao termo. Wallace e os espíritas não consideram os espíritos supostamente superiores aos seres humanos, nem sobrenaturais, no sentido de não pertencerem à natureza.

palavras, de espíritos. O preconceito contra essa concepção é enorme, mas o trabalho da SPR, espera-se, tem-no diminuído um pouco. Eles estabeleceram, além das discussões posteriores entre os que pesquisam as evidências, que fantasmas verdadeiros de pessoas mortas realmente existem; e a evidência, por si – não a ignorância, ou mesmo o preconceito científico –, deve decidir se esses fantasmas que são frequentemente objetivos, como vimos em meu último artigo,[48] são obra dos homens ou dos espíritos.

Antes de adicionar mais evidências a este assunto, é melhor analisar rapidamente a teoria extraordinária do "segundo *self*" ou "ego inconsciente", que é adotada por muitos escritores modernos como uma substituta para a ação dos espíritos quando a teoria do ser humano normal é claramente inadequada. Essa teoria é baseada nos fenômenos dos sonhos, da clarividência e da dupla personalidade, e foi exposta de forma mais ela-

Flammarion preferiu o termo 'desconhecido' ao termo 'sobrenatural', entendendo que a realidade vivida pelos espíritos é parte da natureza, mas ainda desconhecida pela ciência de seu tempo. Wallace parece usar o termo para significar a existência de inteligências que não são de homens corporais. A expressão latina '*praeter legem*', por exemplo, significa o que não é regido pela lei e não o que está acima da lei. Ante esta sutileza, e na existência do prefixo em língua portuguesa, segundo o Houaiss, considerei melhor manter a expressão, ainda que possa ser considerada neologismo. [N.T.]

[48] Wallace refere-se ao artigo "Existem aparições objetivas?", publicado em janeiro de 1891, que compõe o presente livro. [N.T.]

borada por du Prel[49] em dois volumes, traduzidos pelo sr. C. C. Massey.[50] Como um exemplo do tipo de fatos que essa teoria é capaz de explicar, podemos citar as pesquisas do reverendo P. H. Newnham e da sra. Newnham com a prancheta (*planchette*).[51] Os experimentos foram conduzidos com a sra. Newnham sentada a uma mesa baixa com sua mão sobre a prancheta, enquanto o sr. N. sentou-se de costas para ela, a outra mesa, a quase 2,5 metros de distância. O sr. N. escreveu questões no papel e, instantaneamente, algumas vezes simultaneamente, a prancheta sob a mão da sra. N. escreveu as respostas. Experimentos foram conduzidos por oito meses, durante os quais 309 questões e respostas foram registradas. Todos os tipos de questões foram feitos, e as respostas eram sempre pertinentes às questões, embora frequentemente fossem evasivas e não respostas diretas. Um grande número de respostas não correspondeu às opi-

[49] Barão Carl du Prel, filósofo alemão que obteve seu grau de doutor na Universidade de Tübingen com uma tese sobre a psicologia do sonhos, em 1868. Defendeu a existência do espírito, contra seu professor, von Hartmann, dando sequência ao trabalho de Alexander Aksakof. [N.T.]

[50] Trata-se da obra *The philosophy of mysticism*, tradução do original alemão *Die Philosophie der Mystik*.

[51] O termo '*planchette*' é francês, diminutivo de '*planche*' (prancha ou tábua). Ficou conhecida na literatura norte-americana com o nome de '*Ouija board*' (nome criado por um fabricante de brinquedos norte-americano) ou '*talking board*' (prancha falante). [N.T.]

niões ou expectativas de ambos, sr. e sra. N., e iam, algumas vezes, além do seu conhecimento. Para convencer um visitante incrédulo, o sr. N. foi com ele a uma pequena sala, na qual ele, o visitante, escreveu a questão: "Qual é o nome cristão da minha irmã mais velha?" O sr. N. viu a questão, mas não sabia o nome. Ao retornar para a sala de estudos, eles encontraram escrito na prancheta: "Mina", a abreviatura familiar de Guilhermina, que era o nome correto. O sr. N. é um maçom livre e formulou muitas questões sobre o ritual maçônico, que a sra. N. desconhecia totalmente. As respostas eram em parte corretas, em parte incorretas, e algumas vezes bastante originais. Perguntou-se, por exemplo, que prece era usada no avançamento[52] do mestre maçom da Marca, e uma prece muito admirável foi imediatamente escrita, com termos maçônicos; mas, diz o sr. N., muito diferente da prece real, na qual ele estava pensando, e também distinta de qualquer prece usada pelos maçons ou conhecidos da sr. N. Era, de fato, como diz o sr. N., "uma fórmula composta por alguma inteligência totalmente distinta da inteligência consciente de ambas as pessoas envolvidas no experimento".

Atualmente, tudo isso, e outros eventos muito mais notáveis, é considerado resultado da ação

[52] Utilizam-se aqui os termos empregados pelos maçons brasileiros do Culto de York, que gentilmente nos auxiliaram na tradução dos termos maçônicos. [N.T.]

do '*self* inconsciente' da sra. Newham, uma segunda personalidade inteligente e independente da qual a sra. Newnham nada conhece, a não ser quando ela 'emerge' em condições especiais, tais como as que foram descritas aqui. Da mesma forma, du Prel explica todos os fenômenos de clarividência, de premonições, de possessão aparente e dos casos inumeráveis nos quais os sensitivos demonstram conhecimento de fatos que, em seu estado normal, eles não possuem e não têm meios possíveis de obter.

Mas essa assim chamada explicação é alguma explicação real? Ou é nada mais do que um malabarismo de palavras que cria mais dificuldades do que as resolve? A concepção de tal dupla personalidade em cada um de nós, um segundo 'eu', que na maioria dos casos permanece-nos desconhecida durante toda a nossa vida, que se diz uma vida mental independente, que tem meios de adquirir conhecimentos que o nosso *self* normal não tem, que apresenta todas as características de uma individualidade distinta com um caráter diferente do nosso próprio, é certamente uma concepção mais difícil de aceitar, mais sobrenatural do que a de um mundo espiritual composto de seres que viveram, aprenderam e sofreram na terra, e cuja natureza mental ainda subsiste após sua separação de seu corpo terreno. Há de se considerar, também, que esta última teoria explica todos os fatos de forma simples e direta, que está de acordo com *todas* as evidências e que, na esmagadora maioria dos casos, é a explicação dada pelas próprias inteligências comunicantes. Sobre a teoria do 'segundo *self*', temos de supor que essa recôndita mas pior parte de nós, embora tenha algum conhecimento que não temos, não sabe que é parte de nós, ou, se sabe, é uma mentirosa persistente, já que na maioria dos casos adota um nome distinto e insiste em falar de nós, sua melhor parte, na terceira pessoa.

Há ainda outra, e penso que mais fundamental, objeção a esse ponto de vista, na impossibilidade de conceber como ou por que esse 'segundo *self*' foi desenvolvido em nós sob a lei da sobrevivência do mais ajustado. A teoria é sustentada para evitar o recurso a qualquer explicação 'espiritual' dos fenômenos, uma vez que o 'espírito' é a última coisa a que os nossos homens de ciência 'sucumbirão'.[53] Mas, se assim for, se não há natureza espiritual no homem que sobreviva ao corpo terreno, se o homem não é senão um animal altamente intelectual desenvolvido a partir de uma forma animal inferior sob a lei da sobrevivência do mais ajustado, como esse 'segundo *self*', esse 'ego inconsciente', passou a existir? Têm o molusco e o réptil, o cão e o macaco 'egos inconscientes'? E,

[53] Esta foi a expressão de *sir* David Brewster após testemunhar fenômenos de Home. Veja o livro de Home, *Incidents of my life*, Appendix, p. 245.

se os têm, por quê? E qual é a sua utilidade para essas criaturas para que possam ter se desenvolvido através da luta pela sobrevivência? Darwin não detectou nenhum sinal de tais 'segundos *selves*' nem nos animais nem nos homens; e se eles não se encontram nos animais mas se encontram nos homens, então caímos na mesma objeção que tão frequentemente é usada contra os espiritualistas, a de que estamos exigindo alguma quebra na lei do desenvolvimento contínuo e o exercício de algum poder superior para criar e trazer ao organismo humano esse estranho e inútil '*ego* inconsciente' – inútil, exceto para nos confundir com problemas insolúveis e fazer a nossa natureza e existência totais parecerem mais misteriosas do que nunca. É claro, supõe-se que esse ego inconsciente morra com o homem consciente, caso contrário, fomos introduzidos em uma nova e gratuita dificuldade, a da relação dessas duas inteligências e caracteres, distintos, mas indissoluvelmente ligados, na vida após a morte.

Reconhecendo, portanto, que a teoria da personalidade dupla cria mais dificuldades do que as resolve, enquanto os fatos que ela propõe explicar podem ser tratados de forma muito mais completa com a hipótese espiritual, passamos a considerar as evidências posteriores que temos para a ação dos espíritos dos mortos, ou de alguma outra inteligência preter-humana.

Vamos considerar inicialmente o caso da sra. Menneer, que sonhou duas vezes na mesma noite que viu seu irmão decapitado aos pés da cama com sua cabeça dentro de um caixão ao seu lado. Nessa época, ela não sabia onde estava o seu irmão, o sr. Wellington, a não ser que ele estava no exterior. Ele estava em Sarawak, com *sir* James Brooke, e foi morto durante a insurreição chinesa que aconteceu lá, em uma corajosa tentativa de defender a sra. Middleton e suas crianças. Tendo sido levado pelo filho do rajá, sua cabeça foi cortada e carregada em triunfo, seu corpo foi queimado na casa do rajá. A data do sonho coincide aproximadamente com a de sua morte.[54] Neste caso, é quase certo que a cabeça foi cortada após a morte, já que esses chineses não eram soldados treinados, mas mineiros de ouro, que teriam entrado em greve, e atacado, e cortado com as armas que tinham em mãos, mas certamente não teriam matado um europeu, em sua defesa, decapitando-o com um só golpe. A impressão no cérebro da irmã, portanto, deve ter sido causada ou pelo irmão morto ou por alguma outra inteligência, provavelmente a última opção, porque foi claramente uma imagem simbólica, a cabeça posta no caixão, mostrando que apenas a cabeça havia sido recuperada e enterrada. Em uma carta publicada de *sir* James Brooke, ele diz: "Os pobres restos de Wellington foram igualmente

[54] *Phantasms of the living*, vol. 1, p. 365.

consumidos, sua cabeça carregada em triunfo *atestando sozinha* o seu prévio assassinato".

Outro caso, registrado no mesmo volume, opõe-se ainda mais claramente à teoria da telepatia entre pessoas vivas. A sra. Storie, de Edimburgo, que vivia naquela época em Hobart Town, Tasmânia, teve um estranho e confuso sonho uma noite, semelhante a uma série de visões em dissolução. Ela viu seu irmão gêmeo sentado ao ar livre, à luz do luar, na calçada, em um lugar elevado. Ele então elevou seu braço, dizendo: "O trem, o trem!" Algo colidiu com ele, que caiu desfalecendo; um objeto grande e escuro o atropelou com um zumbido. Então ela viu uma cabine de trem, na qual estava sentado um cavalheiro que ela conhecia, o reverendo sr. Johnstone. Então ela viu seu irmão novamente. Ele pôs sua mão direita sobre a sua face como se estivesse de luto. Então, uma voz, e não era a voz dele, disse a ela que ele estava indo embora. Na mesma noite, o irmão dela foi morto por um trem; sentou-se para descansar ao lado do trilho e dormiu. Os detalhes do sonho, de que o acima é um pobre resumo, eram quase exatamente iguais aos do evento, e o sr. Johnstone do sonho estava no trem que matou seu irmão. Ora, este último fato mencionado não podia ser do conhecimento do morto durante a sua vida, e o sonho-imagem do evento deve ter decorrido, portanto, da capacidade telepática do morto ou de algum espírito amigo familiarizado com os fatos, e desejando dar uma prova da vida espiritual.

Considere-se o caso do fabricante de Glasgow estabelecido em Londres, que sonhou que um de seus empregados em Glasgow, que ele havia conhecido ainda jovem, mas com quem não teve nenhuma relação direta por muitos anos, foi falar com ele, implorando para que não acreditasse na acusação contra ele. Sendo questionado sobre qual era, ele repetiu três vezes enfaticamente: "Você vai saber em breve".[55] O sonhador também relatou que o empregado tinha uma aparência impressionante, de um pálido azulado com grandes gotas de suor em seu rosto. Ao acordar, sua esposa trouxe-lhe uma carta de seu gerente em Glasgow, dizendo a ele que esse homem, Robert Mackenzie, havia cometido suicídio bebendo *aqua fortis*.[56] Os sintomas de envenenamento por *aqua fortis* são os que foram observados na imagem do sonho.[57] Aqui, o homem havia morrido dois dias antes do sonho, que aconteceu no tempo certo de corrigir a falsa impressão de suicídio que tinha sido produzida pela carta. O conjunto das características e detalhes do sonho é tal que dificilmente poderia ter sido causado por qualquer outro agente senão o próprio homem

---

[55] O espírito usou um regionalismo: "*Ye'll sune ken*". [N.T.]

[56] *Aqua fortis* é ácido nítrico, usado na produção de fertilizantes e explosivos. [N.T.]

[57] *Proceedings of Society for Psychical Research*, parte 8, pp. 95-8.

morto, que estava ansioso para que o patrão, que havia sido gentil com ele quando jovem, não fosse levado a crer em uma falsa acusação contra ele.

Sonhos que dão detalhes de funerais à distância não são incomuns. Como exemplo, temos um no qual o sr. Stainton Moses foi convidado aos funerais de um amigo em Lincolnshire, mas não pôde ir. Mais ou menos na hora do funeral, no entanto, ele caiu em transe e parecia estar na cerimônia e, tornando-se novamente consciente, registrou todos os detalhes, descrevendo o clérigo, que não era aquele que se esperava que oficiasse, o adro da igreja, que estava situada à distância em Northamptonshire, com uma árvore em especial perto do túmulo. Ele, então, enviou essa descrição para um amigo que havia estado presente, e que lhe respondeu, atônito, sobre como ele pôde ter obtido os detalhes.[58] Foi dito tratar-se apenas de clarividência; mas clarividência é um termo que não explica nada, e é tão misterioso e ininteligível se se supõe que aconteça sem a intervenção de inteligências desencarnadas quanto se for dito que aconteceu com sua ajuda. Esses casos também se juntam a outros que são de natureza simbólica, e os quais a clarividência de cenas atuais à distância não consegue explicar. Um caso bem descrito deste tipo é o seguinte.

Philip Weld, um estudante de colégio católico, afogou-se no rio de Ware, Hertfordshire, em

[58] *Spirits before our eyes*, de Harrison, p. 148.

1846. Mais ou menos na mesma hora do acidente, o pai e a irmã do jovem, enquanto caminhavam na estrada do pedágio perto de Southampton, viram-no de pé com outro jovem, na calçada, vestindo uma túnica preta. A irmã disse: "Veja, papai, lá está Philip". O sr. Weld respondeu: "É Philip, de fato, mas ele tem a aparência de um anjo". Eles foram abraçá-lo, mas antes de o alcançarem um operário pareceu caminhar através dos vultos, e então, com um sorriso, ambos desapareceram. O presidente do colégio, dr. Cox, foi imediatamente a Southampton para dar as más notícias ao pai, mas antes que ele pudesse falar, o sr. Weld lhe disse o que havia visto e que ele sabia que seu filho estava morto. Algumas semanas depois, o sr. Weld visitou o colégio jesuíta de Stonyhurst, em Lancashire, e na sala de espera viu um retrato do mesmo jovem que ele havia visto com seu filho, vestido de forma parecida, e com a mesma atitude, e abaixo da foto estava inscrito: "São Estanislau Kostka", um santo da ordem jesuíta que foi escolhido por Philip como seu santo patrono na época de sua confirmação.[59]

Eis um caso em que os fantasmas do filho e o de outra pessoa aparecem a dois parentes, e a presença da pessoa desconhecida foi obviamente calculada, quando sua identidade foi descoberta, para

[59] *Spirits before our eyes*, de Harrison, p. 116. Extraído de *Glimpses of the supernatural*, do reverendo F. G. Lee.

aliviar a mente do pai de todo o medo com relação à felicidade futura do seu filho. É pouco provável que se obtenha um caso mais claro de um fantasma real de morto, não necessariamente produzido pelo filho morto ou pelo santo jesuíta, mas ainda mais provavelmente por eles, ou por algum outro espírito amigo que tivesse o poder de produzir tais fantasmas, e então atenuar a ansiedade do pai e da irmã. Não é concebível que a ação telepática de qualquer pessoa viva pudesse produzir tais fantasmas em dois perceptores; o único agente possível seria o presidente do colégio, que não reconheceu, com base na descrição do sr. Weld, o jovem vestido em tom escuro que apareceu com seu filho.

Isso mostra uma característica muito comum aos fantasmas dos mortos – alguma indicação de felicidade, algo para tirar qualquer sentimento de melancolia ou tristeza. Assim, um jovem se afoga no naufrágio do navio telegráfico La Plata em dezembro de 1874; e pouco antes de chegar a notícia, seu irmão, em Londres, sonhou que ele estava em uma celebração magnífica em um jardim espaçoso, com fontes iluminadas e grupos de cavalheiros e damas, quando ele encontrou seu irmão em um traje de noite, e ele apresentava a "própria imagem da alegre saúde". Ele ficou surpreso, e disse: "Olá! D., como você está aqui?" Seu irmão apertou sua mão e disse: "Você não sabia que naufraguei novamente?" Na manhã seguinte, a notícia da perda do navio estava nos jornais.[60] Aqui, se o fantasma foi causado pelo próprio homem morto ou por algum outro ser, ele evidentemente pretendia mostrar que o morto estava alegre e bem após a morte, assim como durante a vida.

Então, quando a voz da srta. Gambier Parry foi ouvida doze horas após sua morte pela sua antiga governanta, irmã Bertha, na casa de misericórdia, em Bovey Tracey, Devonshire, foi dito, "com a voz mais clara e alegre possível: 'Eu estou aqui com você'." E, sendo questionada: "Quem é você?", a voz respondeu: "Você ainda não deve saber".[61]

E, mais uma vez, quando um cavalheiro, indo para a sala de jantar para fumar, à noite, vê sua cunhada, ele diz: "Maggie apareceu subitamente vestida de branco, com a expressão mais celestial em sua face. Ela olhou fixamente para mim, andou pela sala e desapareceu através da porta que leva aos jardins."[62] Isso aconteceu um dia após a morte dela.

Mais um exemplo: O sr. J. G. Keulemans, quando estava em Paris, foi acordado pela manhã pela voz do seu filho caçula de cinco anos de idade, que ele havia deixado muito bem em Londres. Ele também viu seu rosto no centro de uma massa

---

[60] *Proceedings of the Society of Psychical Research*, parte XIV, p. 456.

[61] *Phantasms of living*, vol. 1, p. 522.

[62] *Phantasms of living*, vol. 2, p. 702.

branca, opaca e brilhante; seus olhos brilhavam e sua boca estava sorridente. A voz que foi ouvida era de extrema alegria, como apenas uma criança feliz pode proferir. Naquele momento, a criança havia acabado de morrer.[63] Que influência telepática causou esse fantasma de uma criança feliz, sorridente, que aparece ao pai? Certamente não foi nenhuma pessoa viva, mas sim algum espírito amigo ou guardião, desejando mostrar que a alegria da vida permanecia na criança, embora seu corpo terrestre estivesse frio e rígido.

Outra característica de muitos desses fantasmas despertos ou oníricos é que frequentemente aparecem, não no momento da morte, mas um pouco antes que a notícia da morte chegue ao perceptor; ou há alguma outra característica que parece especificamente calculada para causar uma impressão profunda e dar uma convicção duradoura da existência espiritual. Diversos casos desse tipo são mostrados ou citados nos *Proceedings of the Society for Psychical Research* (vol. 15, pp. 30-1). O exemplo mais extraordinário é o do sr. F. G., de Boston, depois de St. Louis, Missouri, que, quando estava em St. Joseph, Missouri, totalmente ocupado com negócios, viu um fantasma de sua única irmã, que havia morrido aos nove anos de idade. Era meio-dia quando ele escrevia, e ela apareceu perto dele e com aparência perfeita de quando era

---

[63] *Proceedings of Society of Psychical Research*, vol. 1, p. 126.

viva, de tal forma que por um momento ele pensou que era realmente ela, e chamou-a pelo nome. Ele viu todos os detalhes de seu vestido e sua aparência, e percebeu particularmente um arranhão ou uma linha vermelha brilhante no lado direito de sua face. A visão o impressionou tanto que ele pegou o trem seguinte para casa e contou aos seus pais o que ele havia visto. Seu pai estava inclinado a ridicularizá-lo por sua crença de que isso fosse algo sobrenatural; mas, quando ele mencionou o arranhão no rosto, sua mãe quase desmaiou, e disse a eles, com lágrimas nos olhos, que ela própria havia feito o arranhão acidentalmente após a morte de sua filha, mas havia cuidadosamente escondido com pó, e que nenhuma pessoa viva, senão ela própria, sabia disso. Algumas semanas depois, a mãe morreu feliz com sua crença de que ela haveria de reunir-se com sua filha em um mundo melhor.[64] Aqui se pode ver claramente um propósito importante para a aparição do fantasma – dar conforto para uma mãe que está prestes a morrer, ao assegurar que sua filha amada, embora lamentada como morta, continuava viva.

Um caso que ilustra ambas as características já aludidas é o do reverendo C. C. Wambey, de Salisbury, Inglaterra, que numa noite de domingo estava caminhando nas colinas, empenhado na redação de

---

[64] *Proceedings of Society for Psychical Research*, parte 15, pp. 17-8.

uma carta de agradecimento para um amigo muito querido, para que este pudesse recebê-la em seu aniversário, quando ouviu uma voz dizendo: "Quê! Escreve para um homem morto!" Ninguém estava próximo dele, e ele tentou pensar que se tratava de uma ilusão e continuou com sua redação, quando novamente ouviu a voz falando mais alto que antes: "Quê! Escreve para um homem morto! Escreve para um homem *morto*!" Ele então entendeu o significado da voz, contudo, enviou a carta e, em resposta, recebeu a informação esperada de que seu amigo estava morto. Seguramente, neste caso, nenhum agente vivo poderia ter produzido esse fantasma auditivo, que foi notavelmente calculado para impressionar o perceptor com a ideia de que, na verdade, embora morto no que se refere à vida terrestre, seu amigo estava muito vivo; ao mesmo tempo, o gosto da brincadeira com as palavras tendia a mostrar que a morte não era, de forma alguma, um evento melancólico para quem passa por ela.

Em vista dos exemplos dados agora de fantasmas aparecendo por um propósito muito definido, e sendo, na maioria dos casos, adaptados para produzir o efeito desejado – exemplos que poderiam ser muito largamente ampliados com o rico acervo de publicações da Society for Psychical Research –, a teoria desenvolvida pelo sr. Myers que diz que os fantasmas dos mortos são tão indeterminados e sem propósito que sugerem ser meros "sonhos de homens mortos" telepaticamente comunicados aos vivos parece-me a mais extraordinária. A variedade desses fenômenos, sem dúvida, é muito grande e em alguns casos sua ocorrência deve ser sem propósito, se for considerado apenas o perceptor. Mas estes certamente não são típicos, nem os mais bem atestados por quaisquer meios, nem os mais numerosos; e isso parece-me ser uma prova da fraqueza da teoria telepática, visto que quase todos os casos que eu tenho citado, e muitos outros da mesma importância, foram praticamente desconsiderados pelos que defendem esse ponto de vista.

Temos mais uma classe de evidências para comunicar – a das premonições. São de todos os tipos, daquelas que anunciam eventos triviais até aquelas que predizem acidentes ou a morte. Não são tão frequentes como os outros fantasmas, mas algumas delas são minuciosamente bem descritas, e é difícil evitar a conclusão de que são reais, e que decorrem, em geral, dos mesmos agentes considerados fantasmas verídicos e objetivos. Um ou dois exemplos podem ser dados.

Um caso admirável é o da sra. Morrison, que vivia na província de Wellesley, na península da Malásia, em 1878, e uma manhã, após acordar, ouviu uma voz dizer claramente: "Se houver escuridão na 11ª hora, haverá morte". Começando ainda na cama, as mesmas palavras foram vagarosa e deliberadamente repetidas. Uma semana depois, sua garotinha estava seriamente doente e, alguns dias depois, após uma semana de tempo nublado, uma tempestade caiu poucos minutos antes das 11 da manhã e o céu ficou escuro e nublado. Às 13 horas do mesmo dia, a criança morreu.[65] O caráter pouco usual do aviso torna extraordinário este caso.

Em outro caso, a srta. R. F. Curtis, de Londres, sonha que vê uma dama de preto que passa por ela e, em seguida, é vista deitada na estrada com uma multidão de pessoas ao seu redor. Algumas pensam que ela está morta, outras que ela não está morta; e, ao perguntar seu nome, dizem à sonhadora que ela é a sra. C., uma amiga que morava em Clapham Common, de quem não tinha notícias havia algum tempo. De manhã, a srta. Curtis conta a sua irmã sobre o seu sonho e, aproximadamente uma semana depois, elas ouviram que, um dia após o sonho, a sra. C. havia tropeçado em um elevado meio-fio, caído na estrada e se machucado muito.

Ainda mais extraordinário é o caso do vigário de Yorkshire, que, quando era um jovem de dezenove anos, estava em Invercargill, na Nova Zelândia, e encontrou um homem que ele conhecia como um marinheiro no navio do qual ele havia saído, e concordou em fazer uma excursão com ele, e com muitos outros, na ilha de Ruapuke, para ficar um ou dois dias pescando e atirando. Eles estavam para começar às quatro horas da manhã seguinte, para

[65] *Proceedings of Society for Psychical Research*, parte 8, p. 305.

cruzar a barra na maré alta, e concordaram em chamar o vigário na hora de sair. Ele foi para a cama cedo, com a forte intenção de ir com eles, e sem dúvida ou hesitação. Estava tudo combinado. Ao subir as escadas para a cama, ele pareceu ouvir uma voz dizendo: "Não vá com esses homens". Não havia nenhum deles por perto, mas ele perguntou: "Por que não?" A voz, que parecia estar dentro dele, disse com ênfase: "Você não deve ir". E, com relação a outra questão, estas palavras foram repetidas. Então, ele perguntou: "Como eu posso resolver isso? Eles vão me chamar". E, de forma ainda mais distinta e enfática, a mesma voz disse: "Você deve trancar sua porta". Quando chegou ao quarto, encontrou na porta um ferrolho reforçado, do qual não se lembrava. Inicialmente decidiu que iria, já que costumava fazer do seu jeito, não importavam os riscos. Mas ficou indeciso, e sentiu um perigo misterioso, e, depois de muita hesitação, aferrolhou a porta e foi dormir. De madrugada, em torno das três horas, ele foi chamado, a porta foi violentamente sacudida e chutada, mas, embora estivesse desperto, não falou nada, e finalmente os homens foram embora, xingando e gritando. Por volta das nove horas, ele desceu para o café da manhã, e imediatamente perguntou se haviam ouvido o que acontecera, e então lhe disseram que o barco que ia a Ruapuke havia virado na barra e todos a bordo haviam se afogado. Alguns dos corpos foram encontrados na praia naquele dia, e os outros foram achados um ou dois dias depois, e ele acrescenta: "Se eu estivesse com eles, certamente teria morrido".

Agora, o que dizer dessa decidida voz de advertência que insistia em ser ouvida e atendida? Quem e o que era o ser que previu a catástrofe que estava para acontecer, e salvou o único que podia ser salvo? Du Prel diria que o segundo *self*, o ego inconsciente, produziu essa voz interior; mas, como demonstramos, essa explicação totalmente hipotética é ao mesmo tempo ininteligível e inconcebível, e não explica nada, já que sugere uma causa cuja existência não está provada e nem pode se demonstrar como o conhecimento apresentado fora adquirido. Mas fantasmas dos mortos, manifestando-se de forma a provar sua identidade ou exibindo conhecimento que nem o perceptor e nem qualquer outro agente vivo concebível possui, proporcionam uma prova robusta de que os assim chamados mortos continuam vivos e são capazes, de várias maneiras, de influenciar seus amigos na vida terrestre.

Iremos, então, resumir brevemente a evidência agora adicionada, e ver como a teoria espiritualista[66] dá uma explicação consistente e inteligível do fenômeno.

[66] Wallace tinha ligações com o movimento chamado *modern spiritualism*, cuja melhor tradução seria espiritualismo moderno. Por essa razão, ele não se refere à teoria espírita ou espiritismo, mas neste ponto específico há total semelhança na explicação dos fenômenos relatados. [N.T.]

É evidente que qualquer teoria geral de fantasmas tem de lidar também com os vários casos de 'duplos', ou indiscutíveis fantasmas dos vivos. Os poucos exemplos de produção aparentemente voluntária deles, por uma pessoa viva, foram supostamente para provar a produção real por eles, ou por seus egos inconscientes; mas as dificuldades no caminho desse ponto de vista já foram apontadas. Em muitos casos não há uso da vontade, e algumas vezes nem mesmo um pensamento direcionado ao lugar ou pessoa onde, ou para quem, o fantasma aparece; e é totalmente irracional atribuir a produção de um efeito tão maravilhoso – como o de um fantasma perfeitamente semelhante a duas pessoas, uma carruagem e um cavalo, visíveis a três pessoas em diferentes pontos de sua trajetória no espaço (como foi descrito em meu primeiro artigo) – a um agente que é totalmente inconsciente de qualquer atuação no evento. O que é chamado de agente, isto é, a pessoa cujo 'duplo' é produzido, pode ser uma *condição* para a produção do fantasma, sem que seja a *causa*. Eu escrevo um telegrama para um amigo que está a mil e seiscentos quilômetros de distância, e ele o recebe em uma ou duas horas. A possibilidade de enviar a mensagem, porém, não reside em mim, mas em toda uma série de agentes, desde os primeiros inventores do telégrafo até os funcionários que transmitem e recebem a mensagem.

A pista para uma explicação verdadeira desses 'duplos' muito enigmáticos, como de todos os outros variados fenômenos de fantasmas e assombrações, é, eu creio, fornecida pela seguinte citação de um dos mais profundos e experientes espiritualistas modernos, o dr. Eugene Crowell:

> Eu tenho consultado frequentemente meus amigos espirituais sobre essa questão, e tenho invariavelmente sido informado por eles que um espírito durante sua forma mortal não pode deixá-la nem por um instante; se o fizesse, morreria; e que a aparência do *self* de alguém em lugar diferente do que ele está no momento é simplesmente a personificação por outro espírito, que, assim, muitas vezes realiza o propósito desejado pelo seu amigo mortal,[67] ou algum

[67] Kardec explica que é possível a emancipação da alma, ou seja, o afastamento do períspirito (que é o 'corpo' espiritual) e do espírito de uma pessoa encarnada, sem que haja a desencarnação, ao contrário do que diz o sr. Crowell. Todavia, o corpo fica em estado de alteração de consciência, isto é, em estado de sono ou sonambúlico (*O livro dos Espíritos*, questões 422 a 426), sem a plena consciência do ambiente no qual se encontra o corpo físico, com exceção dos fenômenos telepáticos, que Kardec denomina "transmissão do pensamento" (*O livro dos Espíritos*, questão 420). A ideia de um espírito personificar outro é plausível em função da propriedade de plasticidade do perispírito dos desencarnados (*O livro dos médiuns*, segunda parte, item 56). [N.T.]

> outro propósito útil é realizado pela personificação. Fui informado, e acredito, que em casos de transe, em que se supõe que os espíritos dos sujeitos deixam seus corpos, e visitam as esferas, suas mentes ficam impressionadas psicologicamente com as visões que representam cenas espirituais, objetos e sons, e muitas vezes essas impressões são tão aparentemente reais e verdadeiras que a própria realidade mal ultrapassa essas representações dela, mas todas elas são impressões subjetivas, não experiências reais.[68]

Aceitando, então, como provado pelas várias classes de fantasmas e pela informação obtida através deles que os espíritos dos assim chamados mortos continuam vivos, e que alguns deles podem, em condições especiais, e de várias formas, dar-nos a conhecer sua existência ou influenciarnos inconscientemente, vejamos qual explicação razoável podemos dar para a causa e propósito desses fenômenos.

Em todos os casos que vão além da simples transferência de um pensamento de uma pessoa viva para outra, parece provável que outras inteligências cooperem. Há muita evidência que mostra que a associação contínua de espíritos com mor-

---

[68] *Cristianismo primitivo e espiritualismo moderno*, vol. 2, p. 109.

tais é, em muitos casos, benéfica ou prazerosa para os últimos, e se lembrarmos o número de pessoas muito comuns que diária e anualmente morrem ao nosso redor, teremos uma explicação suficiente desses sonhos e impressões triviais e corriqueiros, embora verídicos, que à primeira vista parecem tão ininteligíveis. A produção desses sonhos, impressões e fantasmas pode ser um exercício prazeroso das faculdades espirituais inferiores, tão agradável para alguns espíritos como o bilhar, os experimentos químicos ou as piadas o são para alguns mortais.

Muitas assombrações, por outro lado, parecem mostrar uma forma de punição inevitável ao crime no mundo espiritual. O criminoso é puxado pelos remorsos ou por alguma atração indefinível para assombrar o local do seu crime, e a reproduzir ou representar continuamente alguns incidentes ligados a ele. É verdade que a vítima aparece em casas assombradas tão frequentemente quanto o criminoso, mas disso não se conclui de forma alguma que ela esteja sempre lá, a não ser que ela tenha participado do crime ou continue a alimentar sentimentos de vingança contra o criminoso verdadeiro.

Novamente, se existe um mundo espiritual, se aqueles cuja existência na terra chegou ao fim continuam vivos, o que é mais natural do que muitos espíritos – que devem estar aflitos com a descrença, ou dúvida, ou com a concepção equivocada tão amplamente preponderante com respeito a uma vida futura – usarem todo o poder que tenham para convencer-nos do nosso erro? O que é mais natural do que desejarem, sempre que possível, dar alguma mensagem a seus amigos, se apenas asseguram a eles que a morte não é o fim, que eles continuam vivos e não estão infelizes? Muitos fatos parecem mostrar-nos que a bela ideia de espíritos guardiões não é uma mera fantasia, mas uma realidade frequente e talvez universal.[69] Assim será explicado o demônio de Sócrates,[70] que sempre o alertava contra o perigo, e as várias formas de aviso, informação ou premonição que tantas pessoas recebem. Os numerosos casos em que mensagens são dadas por pessoas que acabaram de morrer, a fim de realizar algum ato trivial de justiça ou de bondade, são certamente o que nós deveríamos esperar; enquanto o fato de que, embora existam frequentes indicações de um crime ter sido cometido, mas é raro que o criminoso seja denunciado, indica ou que o sentimento de vingança não persiste por muito tempo ou que os modos terrestres de punição não são aprovados pelos habitantes do mundo espiritual.

---

[69] Allan Kardec discute a existência e características de espíritos protetores, em conformidade com a proposta de Wallace (*O livro dos Espíritos*, questões 489 a 495).

[70] No "Resumo da doutrina de Sócrates e Platão", item V, na Introdução de *O Evangelho segundo o espiritismo*, Allan Kardec também trata da doutrina dos espíritos protetores em Sócrates.

Os poderes de comunicação dos espíritos conosco, e os nossos de receber suas comunicações, variam grandemente. Alguns de nós podem ser influenciados apenas pelas ideias ou impressões que pensamos ser inteiramente o produto de nossas próprias mentes. Outros podem ser influenciados de forma tão intensa que sentem uma emoção inexplicável, levando uma ação benéfica para eles mesmos ou para outros. Em alguns casos, um aviso ou informação podem ser dados através dos sonhos, em outros, por visões em estado de vigília. Alguns espíritos têm o poder de produzir, para certas pessoas, alucinações visuais, outros, alucinações auditivas. Mais raramente, e precisando de condições mais especiais, podem produzir fantasmas, que são audíveis ou visíveis a todos que estejam presentes – entidades reais que emitem luz ou ondas sonoras, e então agem sobre os nossos sentidos como se fossem seres vivos ou objetos materiais. Ainda mais raramente, esses fantasmas são tangíveis, tanto quanto visuais – reais, embora sejam formas vivas temporárias, capazes de agir como seres humanos, e exercendo considerável força sobre a matéria comum.

Se considerarmos esses fenômenos não como algo sobrenatural, mas como o exercício perfeitamente natural e ordenado das faculdades e poderes dos seres espirituais com o propósito de se comunicar com aqueles que continuam no corpo físico, veremos as respostas a todas as objeções e o desaparecimento de cada dificuldade. Nada é mais comum que objeções à trivialidade ou à parcialidade das comunicações atribuídas aos espíritos. Mas a mensagem ou o ato mais triviais, nos casos em que nenhuma pessoa viva possa tê-los dado ou representado, podem fornecer prova da existência de outras inteligências ao nosso redor. E a parcialidade frequentemente mostrada – uma pessoa sendo avisada e salva, ao passo que outras são abandonadas à morte – é somente uma indicação do limitado poder dos espíritos de agir sobre nós, combinado com a limitada receptividade da influência espiritual da nossa parte.

Em conclusão, defendo que a breve revisão dada agora das variadas classes de fantasmas dos vivos e dos mortos demonstra a inadequação de todas as explicações em que a telepatia entre as pessoas vivas ou a ação do ego inconsciente são exclusivamente usadas, uma vez que são capazes de explicar apenas uma pequena proporção dos casos que realmente acontecem. Além disso, insisto que nada mais fundamental e abrangente do que a atuação de inteligências desencarnadas, em cooperação com nossos próprios poderes de transferência de pensamentos e percepção espiritual, o que pode proporcionar uma explicação inteligível e racional de toda a variedade dos fenômenos.

Quem foi Alfred Russel Wallace?

Jáder Sampaio

From a photo by Miss Chant, of Parkstone.

Alfred R. Wallace

Alfred Russel Wallace nasceu em 8 de janeiro de 1823, na cidade de Usk, Monmouthshire, no País de Gales. Ele tinha dois irmãos mais velhos (William e John), duas irmãs mais velhas (Eliza e Fanny) e viria a ter um irmão mais novo, Herbert Edward.

Teve uma infância difícil e, ainda adolescente, foi trabalhar com William, que se tornara carpinteiro, em Londres. Nessa época, a diversão deles era frequentar o Hall of Science durante a noite. Esta instituição era uma espécie de clube onde se jogava dominó, bebia-se café e ouviam-se palestras sobre os ensinos de Robert Owen. Dentre as muitas ideias do owenismo, a sua visão da religião é brevemente descrita por Peter Raby: "A única religião benéfica seria a que inculcasse o serviço à humanidade, e cujo único dogma fosse a irmandade do homem." (Raby, 1991. p. 15)

Alfred estudou nos *Mechanics Institutes* de Kingston e Neath, sempre valorizando os estudos e a ciência. Em 1843, com a morte de Thomas

Wallace (pai de Alfred), as dificuldades financeiras da família se agravaram. O jovem Alfred foi trabalhar como professor de mapas no *Colegiate School*, na cidade de Leicester, recebendo um salário modesto de trinta a quarenta libras por ano.

Ainda jovem, leu as narrativas de viagens de Humboldt e o trabalho de Malthus, o qual o impressionou bastante pelo raciocínio indutivo e pela capacidade de síntese.

Dois anos depois, o irmão mais velho de Wallace, William, faleceu de pneumonia. Ele deixou o emprego e mudou-se para Neath para cuidar dos negócios do falecido. Ali, pôde dedicar-se parcialmente à botânica. Convenceu John a ir morar com ele, o que ocorreu em 1846, e depois sua mãe e o irmão mais novo, Herbert. Eles alugaram um pequeno sítio, que ficava a menos de dois quilômetros do centro da cidade. Ele e John participaram da construção do novo Instituto de Mecânica em Neath, que foi inaugurado oficialmente em 1848. Wallace se tornou curador do Neath Literary and Philosophical Institute, que ele considerava um pequeno museu com pouco recurso disponível para a aquisição de livros.

Wallace naturalista

Em viagem à França com sua irmã Fanny, Wallace visitou museus, livrarias e o Jardin des Plantes, o que o deixou insatisfeito com a coleção que ele estava fazendo, que tinha apenas espécimes locais. Isto, somado aos seus interesses teóricos, incentivou-o a viajar para fora da Inglaterra.

O jovem naturalista foi à Amazônia em 1848, sem salário e acompanhado por seu irmão Herbert. Ele coletou na floresta tropical variados tipos de plantas, insetos, aves e outros animais. Desembarcou em Salinópolis em maio de 1848 e viajou por Belém do Pará, Manaus e localidades do rio Negro, fazendo suas capturas de animais e vegetais. Para se ter uma ideia do trabalho de Wallace, em sua primeira remessa, ele enviou cerca de 1300 espécies diferentes de animais e de plantas.

Herbert contraiu febre amarela em Belém e faleceu com vinte e dois anos, em junho de 1851, deixando seu irmão muito abatido. Enquanto estava na região do rio Negro, Wallace também adoeceu gravemente, mas se recuperou e voltou às ilhas britânicas, onde constatou a perda de muitas das caixas que enviara, em decorrência de tempestades e outros contratempos.

Uma vez na Inglaterra, Wallace foi aceito como pesquisador visitante na Sociedade Entomológica, onde fez duas conferências. Ele escreveu *Travels on Amazon and rio Negro*, do qual imprimiu duzentos e cinquenta exemplares.

Wallace desejava fazer outra viagem, e planejou uma segunda expedição para o arquipélago Malaio, onde ficou por oito anos. Ele chegou em

Singapura em abril de 1854 e iniciou uma extensa exploração das ilhas em busca de espécimes diversos.

Segundo Raby (2000, p. 132), desde 1838 Wallace já propunha a luta pela sobrevivência como causa da mudança das espécies no processo evolutivo, ideia que lhe ocorreu a partir da leitura de Malthus. Quatro anos depois, ele escreveu um resumo de suas ideias em trinta e cinco páginas, que foram crescendo até o verão de 1844, quando já havia escrito um volume de duzentos e trinta páginas.

Apenas em 1855 foi iniciada a correspondência entre Wallace e Charles Darwin, devido ao interesse de ambos pelos temas ligados à teoria da evolução. Em 1858, Darwin recebeu uma carta de Wallace que o assustou bastante, porque nela se via a teoria da seleção natural, que até então Darwin acreditava que fosse originalmente sua. Os dois naturalistas passaram a trocar correspondência regularmente, e entendo que se tornaram bons amigos.

As ideias dos dois naturalistas foram apresentadas, em 1858, em um encontro da Linnean Society, em uma mesa que continha também uma carta do naturalista norte-americano Asa Gray. O trabalho de Wallace denominava-se "Sobre a tendência das variedades de se afastar indefinidamente do tipo original". As comunicações foram apresentadas na ordem cronológica, o que mostrava a preocupação dos naturalistas na Inglaterra em mostrar que Darwin não havia roubado nenhuma ideia de Wallace. Como este se encontrava no arquipélago Malaio, seu trabalho foi lido por um dos naturalistas envolvidos com o evento.

No ano seguinte, Darwin enviou as provas do livro que o celebrizou, *A origem das espécies*, para a avaliação de Wallace.

Ele leu o trabalho com admiração. Raby (2000, p. 151) transcreveu um comentário que Wallace fez do livro a seu correspondente George Silk: "O sr. Darwin deu ao mundo uma *nova ciência*, e seu nome devia, na minha opinião, ser colocado acima do de todos os filósofos dos tempos antigos ou modernos."

A publicação da obra de Darwin fez com que Wallace desistisse de publicar o seu próprio livro de teoria. Muito recentemente alguns escritores, com base no sumiço de correspondências entre Charles Darwin, Alfred R. Wallace, Charles Lyell e Hooker, trocadas pouco antes da famosa comunicação conjunta na Linnean Society, aventaram a hipótese de Darwin ter-se apropriado indevidamente das ideias de Wallace para a solução de problemas que não havia resolvido em sua teoria. Essa ideia, entretanto, continua sendo apenas especulação e possibilidade.

Wallace retornou à Inglaterra, após sua grande viagem, em abril de 1862. Nesse período, ele participou ativamente de debates sobre a origem do homem, tema que Darwin evitava discutir, possivelmente por causa das suas implicações religiosas e políticas. Em 1866, Wallace se casou com Annie Mitten, com quem viveu por longos anos.

A vida intelectual de Wallace foi muito prolífica. Entre livros, artigos e entrevistas, teve mais de 750 publicações. Seus livros mais citados em assuntos relacionados à biologia são:

- *Darwinismo* (1889);
- *O arquipélago Malaio* (1869);
- *A distribuição geográfica dos animais* (1876);
- *A vida insular* (1880);
- *A natureza dos trópicos e outros ensaios* (1878);
- *Contribuições à teoria da seleção natural* (1870).

Wallace foi premiado diversas vezes por seus trabalhos e se tornou membro das sociedades científicas inglesas mais eminentes em sua área, dentre elas a Zoological Society, a British Ornitologists Union, a Linnean Society e a British Society for the Advancement of Science. Tornou-se presidente da Entomological Society, em 1872.

Como cientista, ele se expôs em situações polêmicas, como na condenação da vacinação, que entendia ser um equívoco da medicina "que o futuro não tardaria em mostrar", na defesa da frenologia e ao aceitar o desafio público que um leigo havia lançado com relação ao relevo das ilhas, que Wallace venceu, ganhando uma soma em dinheiro adicionada ao desafeto do adversário.

Wallace espiritualista

Alfred R. Wallace foi introduzido ao pensamento de Robert Owen em sua juventude, como já o dissemos. De certa forma, a influência de Owen incentivou o seu gosto pelos estudos e pelas ciências. Ainda como professor em Leicester, assistiu a uma conferência sobre o mesmerismo, dada por Spencer Hall, que o levou a fazer experimentos com seus alunos, obtendo resultados que o impressionaram e marcaram o início das pesquisas que o conduziriam ao exame dos fatos do espiritualismo.

Em suas viagens pela Amazônia e pelo arquipélago Malaio, ele não se esqueceu dos seus estudos mesméricos. No Pará, seu irmão Herbert fez alguns experimentos com índios e com a população local, e os biógrafos relatam que os irmãos levaram curumins ao estado de transe profundo. Wallace paralisou o braço de um homem de sua idade, empregando as técnicas de magnetização que ele conhecia. Nas correspondências que trocava com os seus amigos e familiares, foi informado da onda espiritualista que havia sido criada pelas viagens de médiuns norte-americanos pela Europa. No início dos anos 1850, a sra. Hayden converteu Robert Owen ao espiritualismo moderno, e isto pode ter afetado Wallace, que se interessou por realizar pesquisas sobre a mediunidade quando retornasse às ilhas britânicas.

Smith (2002) entende que ele se converteu ao espiritualismo em meados de 1866, e permaneceu espiritualista até o final de seus dias, tendo publicado mais de 100 trabalhos sobre o assunto. Raby (2001) afirma que a sua irmã Fanny já era uma espiritualista ativa, e que isto o influenciara; entretanto, não há como negar o interesse de Wallace pelo owenismo desde a juventude, assim como suas incursões pelo mesmerismo e pela frenologia, o que mostra uma trajetória pessoal anterior à influência de Fanny. Outra influência clara que se pode ler em outro trabalho de Wallace é a da epistemologia dos empiristas ingleses, que postulavam a observação como base da construção do conhecimento, bem como do seu naturalismo. Esse tipo de metodologia seria a escolhida por Wallace para o estudo dos fenômenos considerados espirituais, assim como para o debate que realizou com os céticos durante o resto de sua vida.

O próprio naturalista, em uma entrevista, explica sua conversão às ideias espiritualistas:

> Quando voltei do exterior em 1862, li sobre o espiritualismo e, como a maioria das pessoas, achei que fosse tudo fraude, ilusão, estupidez. Eu encontrei pessoas, aparentemente inteligentes e sadias, que me asseguraram que haviam experienciado coisas maravilhosas. A sra. Marshall era uma médium conhecida em Londres naquela época e, após um exame detido, fiquei convencido de que os fenômenos associados a ela eram perfeitamente genuínos. Mas levei três anos de investigações subsequentes para satisfazer-me de que eles eram produzidos por espíritos. (Dawson, 1898)

Peter Raby conduziu sua biografia de Wallace mostrando como a ideia do espiritualismo era mal recebida pelos círculos científicos da época e, de certa forma, tentando explicar como um homem como ele teria sido crédulo o suficiente para defender essas ideias. A leitura da obra de Wallace mostrou-nos que ele trabalhou como um naturalista em assuntos espiritualistas. Ele leu a literatura disponível em sua época e sociedade, realizou pesquisas diversas, criou mecanismos de identificação de fraude e tentou sensibilizar seus pares para o tema, tendo sido mal recebido e mal interpretado na maioria das vezes. Isso não o desanimou, o que foi interpretado por Raby como um traço obsessivo, em outras palavras, sua convicção foi entendida como sendo teimosia.

Como o leitor poderá verificar com mais detalhes neste livro, Wallace fez contato com pessoas do seu círculo de relação que se interessavam pelo espiritualismo. Inicialmente assistiu a algumas sessões promovidas pela sra. Marshall, uma médium profissional, nas quais pôde observar fenômenos de mesas girantes e *raps*. Posteriormente ele promoveu sessões de pesquisa em sua própria residência, controlando com rigor o ambiente e buscando obter fenômenos que lhe permitissem sustentar a hipótese espiritualista perante as outras hipóteses concorrentes em voga, propostas por pessoas que buscavam dar uma explicação diversa aos fenômenos.

O livro *O aspecto científico do sobrenatural* foi publicado em 1866 e, em 1871, ele escreveu e leu um trabalho chamado "Uma resposta aos argumentos de Hume, Lecky e outros contra os milagres" para a Dialectical Society. Nessa época, Crookes estava realizando suas pesquisas com o médium Daniel D. Home. Wallace se tornou um defensor das ideias espiritualistas, como no episódio em que escreveu para uma revista um artigo de seis páginas – em resposta a um trabalho de Tyndall – que contradizia a opinião de que Daniel D. Home, conhecido médium de materializações, não havia sido devidamente investigado.

Uma das médiuns que Wallace pesquisou foi a sra. Guppy (ex-srta. Nichols), que possuía faculdades de efeitos físicos. Em março de 1874, ele identificou a mãe dele em duas das fotos obtidas. Raby considera improvável que a sra. Guppy tenha tido acesso prévio a alguma fotografia da mãe de Wallace.

Nesse mesmo ano, Wallace publicou no *Fortnightly Review* um grande ensaio denominado "A defesa do espiritualismo moderno". Este ensaio e os dois anteriores foram unidos em um livro chamado *Miracles and Modern Spiritualism* (*Milagres e o espiritualismo moderno*), publicado em março de 1875. O livro teve diversas publicações posteriores, às quais foram adicionados outros trabalhos. A última edição de que temos notícia é a de 1970.

O médium Henry Slade, em viagem pela Europa, realizou sessões pagas na Inglaterra a partir de setembro de 1876, quando teve suas faculdades estudadas por diversos pesquisadores como o prof. Barrett, o rev. Stainton Moses, Serjeant Cox, o dr. Carter Blake e o próprio Wallace. Slade foi atacado pelo prof. Ray Lankester (biólogo), que escreveu uma carta-denúncia para o jornal *The Times*, acusando-o de tomar dinheiro de modo fraudulento. O caso foi parar nos tribunais, e Wallace partiu em defesa do médium, reafirmando suas faculdades, relatando as demais observações realizadas com ele por outros pesquisadores e explicando a posição de Lankaster com a seguinte sentença: "O professor Lankester foi com a firme convicção de que tudo o que ia assistir era impostura e, assim, pensa que viu imposturas". (Wallace apud Doyle, [198-?] p. 241)

Mesmo com a defesa realizada pelos espiritualistas, e o caráter circunstancial das acusações, Slade foi condenado com base na lei inglesa da vagabundagem. Doyle dá alguns detalhes sobre o processo, deplorando a forma como o juiz julgou e sentenciou o médium norte-americano.

O fato de Wallace ter apoiado os espiritualistas ingleses na defesa do médium teve implicações em sua vida profissional, uma vez que o próprio Lankester o denunciou aos seus pares da Sociedade Britânica para o Progresso da Ciência, com a alegação de ter "degradado as discussões da sociedade pela introdução do espiritualismo". Esta acusação se baseou em uma comunicação de William Barrett – aprovada para um encontro da referida sociedade – em que ele defendia a existência da telepatia e se referia a fenômenos mesméricos e espiritualistas. A aprovação da comunicação ocorreu na subseção antropológica, com um voto de minerva dado por Wallace, que era presidente da seção biológica.

Toda essa publicidade negativa impediu que Wallace fosse eleito secretário da Sociedade Britânica para o Progresso da Ciência. Esses eventos também dificultaram a concessão posterior de uma pensão do governo britânico, numa época em que ele passava por dificuldades financeiras. Ele havia escrito a Arabella Buckley, secretária de Lyell, solicitando-lhe ajuda para conseguir algum emprego para sustentar a sua família. Ela solicitou a Darwin que o indicasse para receber uma pensão do governo. Darwin fez uma série de consultas a seus pares, que hesitaram em fazer uma recomendação de Wallace ao burocrata responsável, em decorrência dos eventos polêmicos e de sua adesão ao espiritualismo, como se pode ler no seguinte trecho da correspondência de Hooker:

> Como pode um homem pedir a seus amigos que assinem tal solicitação? Além disso, que governo pode honestamente ser informado que o candidato é um público e destacado espiritualista! (RABY, 2001, p. 222)

Sem saber do acontecido, Wallace submeteu os textos de seu livro *Vida insular* a Hooker, acatou as suas sugestões e lhe fez uma dedicatória. Ao conhecê-lo melhor, pessoalmente e como cientista, o pesquisador mudou de opinião e escreveu a Darwin, incentivando-o a continuar com o pedido de pensão a Wallace, que foi concedida em 1881, tornando sua vida um pouco mais tranquila.

Cinco anos depois, Wallace foi a Nova Iorque para fazer conferências e fez visitas a três sociedades espiritualistas norte-americanas, em Boston, Washington e São Francisco (FODOR, 1934), onde assistiu a sessões e estabeleceu contatos com os espiritualistas daquelas regiões. Nessa viagem, encontrou-se com o conhecido psicólogo William James em diversas ocasiões. Em uma delas, assistiu a sessões de materialização com a sra. Ross, nas quais apareceram muitas pessoas e objetos, como um índio, um rosto de bebê, que ele beijou, etc. Em outra sessão, ele identificou um primo, Alg. Wilson.

Houve uma acusação de fraude da médium, e Wallace escreveu uma carta em sua defesa, publicada no jornal *Banner of Light*. Nessa época, ele publicou um artigo chamado "Estão os fenômenos do espiritualismo em harmonia com a ciência?",[71] mas os biógrafos não se entendem quanto à data e lugares desta publicação. Raby e Fodor dizem que ocorreu em 1886, no *Banner of Light*. Smith afirma que foi publicado originalmente em 1885, no jornal *Sunday Herald*, de Boston, e depois republicado com pequenas modificações no periódico *The Medium and Daybreak*, em dezembro de 1885. De qualquer forma, o texto em inglês pode ser lido no endereço *<http://people.wku.edu/charles.smith/wallace/S379.htm>*.

---

[71] Título original: *Are the phenomena of spiritualism in harmony with science?*

Um encontro menos polêmico se deu com a sra. Dickinson, considerada por Wallace uma médium maravilhosa. Ele narrou o episódio abaixo:

> O sr. D., em Roma, em fevereiro, secou algumas flores, margaridas e violetas, para enviar para sua esposa, e as fechou em uma carta. Um dia antes de a carta chegar, as flores foram encontradas em sua mesa, e a carta chegou mais tarde, sem elas! O sr. D., ao chegar em casa, identificou as flores! O envelope não estava violado. (Raby, 2001, p. 238)

William Barret sondou Wallace, em 1901, para o cargo de presidente da Society for Psychical Research, através de uma carta (Marchant, 1916). Wallace agradeceu, mas recusou o cargo. Alegou que ia pouco a Londres e, talvez de forma bem-humorada, relembrou sua fama de mal-humorado (*crank*) e propenso a modismos (*faddist*).

Wallace prosseguiu com suas publicações espiritualistas até o seu falecimento, a 7 de novembro de 1913. Alguns de seus artigos podem ser encontrados na página de Smith, mas foge ao objetivo deste pequeno esboço biográfico apresentá-los detalhadamente. Deixamos ao leitor apenas mais uma referência, a de um artigo intitulado "Espiritualismo e trabalho social",[72] publicado em 1898 na revista espiritualista *Light*, que pode ser acessado no endereço <http://people.wku.edu/charles.smith/wallace/S545.htm>.

Alfred Russel Wallace enfrentou a intolerância de uma época: contra sua origem social, contra sua religião e mesmo contra a sua honestidade científica. De alguma forma somos herdeiros do seu trabalho e, por esta razão, consideramos importante homenageá-lo trazendo à luz aquilo que fez de melhor enquanto encarnado: compreender.

---

[72] Título original: *Spiritualism and social duty*.

Referências bibliográficas

DAWSON, Albert. **A visit to Dr. Alfred Russel Wallace, F.R.S.** Disponível em: <http://people.wku.edu/charles.smith/wallace/S738.htm>. Acesso em: 25/8/2015. (Originalmente publicado em janeiro de 1898.)

DELLANNE, Gabriel. **Les apparitions matérialisées des vivants & des morts**. Paris: Leymarie, 1909. 2 v.

DENIS, Léon. **No invisível**: espiritismo e mediunidade. Tradução de Leopoldo Cirne. 9ª ed. Rio de Janeiro: FEB, 1981.

DOYLE, Arthur C. **História do Espiritismo**. São Paulo: Pensamento, [198-?].

FODOR, Nandor. **Encyclopedia of Psychic Science**. London: Arthurs Press, 1934.

GAULD, Alan. **Mediunidade e sobrevivência**: um século de investigações. 14ª ed. São Paulo: Pensamento, 1995.

GOURNEY, Edmund; MYERS, Frederick; PODMORE, Frank. **Phantasms of the living**. London: Society for Psychical Research, 1886. 2 v.

KARDEC, Allan. **Definições espíritas**. Niterói-RJ: Lachâtre, 1997.

KARDEC, Allan. **O livro dos Espíritos**. Traduzido por Evandro Noleto Bezerra. Rio de Janeiro: FEB, 2006.

KARDEC, Allan. **O livro dos médiuns**: guia dos médiuns e dos evocadores. 40ª ed. Tradução de Guillon Ribeiro. Rio de Janeiro: FEB, 1978.

MARCHANT, James. Alfred Russel Wallace to Prof. Barret. In: **Alfred Russel Wallace**: letters and reminiscences. London: Cassel and Company, 1916. v. 2. Disponível em: <https://books.google.com.br/books?id=0IF1K9IYQYMC&printsec=frontcover&hl=pt-BR#v=onepage&q&f=false>. Acesso em: 25/8/2015.

RABY, Peter. **Alfred Russel Wallace**: A Life. New Jersey: Princeton University Press, 2001.

SMITH, Charles. **The Alfred Russel Wallace Page**. Disponível em: <http://www.wku.edu/~smithch/index1.htm>. Acesso em: 25/8/2015.

WALLACE, Alfred Russel. **Miracles and modern spiritualism**. New York: Arno Press, 1975.

O Tradutor

Jáder dos Reis Sampaio é psicólogo especializado em psicologia do trabalho. Continuou seus estudos fazendo mestrado e doutorado em administração, o último na prestigiada Universidade de São Paulo. Mineiro de Belo Horizonte, aposentou-se como professor da Universidade Federal de Minas Gerais. Foi pesquisador da Fundação João Pinheiro. Certificou-se tradutor inglês-português pela Escola de Tradutores e Intérpretes de Minas Gerais - ETIMIG.

Ganhou dois prêmios, o "Amigo da ciência, amigo da FAPEMIG", concedido pela Fundação de amparo à pesquisa do estado de Minas Gerais, e o Prêmio ENANPAD, concedido pela Associação nacional de Pós-Graduação em Administração – ANPAD. Como homenagem, seu nome foi dado ao Laboratório de Ensino de Psicologia da UFMG.

Espírita, interessou-se pela doutrina desde a juventude e tem sido colaborador na Associação Espírita Célia Xavier, de Belo Horizonte, há mais de 30 anos. No início dos anos 2000 tornou-se colaborador da Liga de Pesquisadores do Espiritismo – LIHPE na qual tem auxiliado na publicação de duas coleções de livros: a "Série Pesquisas Brasileiras sobre o Espiritismo" e a coleção "Espiritismo na Universidade".

Como tradutor, vem se dedicando a trazer para o português os livros espiritualistas do naturalista galês Alfred Russel Wallace. Como médium, publicou pelo Instituto Lachâtre dois livros: "Casos e descasos na casa espírita" e "O observador e outras histórias".

Esta edição foi impressa, em junho de 2016, pela Assahi Gráfica Editora Ltda., São Bernardo do Campo, SP, sendo tiradas mil cópias em formato fechado 14,0 x 21,0 cm, em papel Off-set 75g/m^2 para o miolo e Cartão Supremo 300g/m^2 para a capa. O texto principal foi composto em Berkeley 13/15,6, os títulos e subtítulos foram compostos em Avenir Next, respectivamente 22/26,4 e 14/16,8. A produção gráfica da capa é de Fernando Campos.